기본사회 :

불평등 시대의 새로운 사회계약

기본사회 :

불평등 시대의 새로운 사회계약

유동철 이소윤

KNOWLEDGE COMMUNITY 공동체

서 문

왜 지금, 기본사회인가

겨울바람이 매섭게 불던 날, 청년센터에서 마주한 스물여덟 살 청년은 이렇게 말했다.

> "열심히 준비하면 뭐든 할 수 있다고 배웠는데, 지금은 집 한 칸 없는 현실이 제 발목을 잡습니다. 부모님이 해줄 수 있는 게 없다는 사실 하나로 제 미래도 없어진 것 같아요."

그의 목소리는 담담했지만 말끝은 떨리고 있었다. 이는 단순히 한 사람의 푸념이 아니다. 오늘날 한국 청년들이 공유하는 구조적 좌절이다.

한편, 경기도 연천 농촌 마을에서 한 노인은 이렇게 말했다.

> "나이 들어 일할 힘도 줄고, 자식들도 제 살기 바빠요. 연금은 빠듯하고, 여름에는 전기세가 무서워 선풍기도 맘대로 못 켭니다."

또 부산에서 배달 일을 하는 40대 노동자는 토로했다.

> "하루 12시간을 달려도 사고나면 제 책임이에요. 보험이 있다고 해도 실제로 보상받기는 힘들어요. 고객은 편리하다 하지만, 저희는 늘 두렵습니다."

이 세 목소리는 서로 다른 삶의 자리에 있지만 공통의 질문을 던진다. “국가는 우리를 어떻게 지켜줄 것인가?” 오늘 우리가 마주한 사회적 도전은 크게 세 가지다.

첫째, 세습사회로의 전환.

통계청 「가계금융복지조사」(2022)는 상위 10% 가구의 평균 자산이 하위 10%의 62배라고 밝혔다. DBpia 보고서 『새로운 시작 - 세습사회와 청년기초자산』(2021)은 이를 두고 한국이 이미 세습사회로 접어들었다고 진단한다. 부모의 자산 유무가 자녀의 교육, 직업, 결혼까지 결정하는 사회. 이는 노력과 성실로도 극복할 수 없는 벽이다.

둘째, 노동의 전환과 불안정의 확산.

산업화 시대 복지국가는 임금노동을 전제로 설계되었다. 그러나 자동화, 플랫폼 경제, 인공지능은 이 기반을 흔들고 있다. 경기연구원 『기본소득과 유사제도 비교 연구』(2021)는 플랫폼 노동자들이 소득 불안정과 사회보험 배제라는 새로운 위험에 노출되어 있다고 진단한다. 핀란드의 기본소득 실험(2017~2018)은 고용 확대 효과는 제한적이었으나, 수혜자의 행복도와 삶의 만족도를 높였다(『한국일보』 2019.2.12, 『한겨레』 2019.2.11). 이는 정책의 지표가 단순한 ‘고용률’에서 ‘삶의 질’로 확장되어야 함을 말한다.

셋째, 기후위기라는 문명사적 도전.

폭염과 홍수, 미세먼지는 이제 일상의 재난이다. 부유층은 냉방과 보험으로 위험을 회피하지만, 저소득층 노인은 여전히 선풍기 하나에 의지한다. 민주당 부산시당의 『B지역E 공공개발 정책보고서』(2025)는 시민주도 태양광 발전 수익을 '햇빛연금'으로 배당하는 모델을 제시했다. 이는 기후위기를 단순한 환경문제가 아니라 생존권 문제로 다뤄야 한다는 점을 보여준다.

물론 한국 사회는 지난 수십 년 동안 복지국가의 제도를 발전시켜 왔다. 그러나 기존 복지국가는 임금노동을 전제로 설계된 체계다. 이철승 · 황인혜 · 임현지의 연구 『한국 복지국가의 사회경제적 기초』(2018)는 한국 복지 선호가 소득이 아니라 자산 소유 여부에 따라 달라진다고 밝혔다. 복지국가가 소득 상실 위험에 대응하는 장치였다면, 오늘날의 불평등과 노동 전환, 기후위기라는 새로운 위험은 그 틀을 벗어난다.

그래서 제안되는 것이 기본사회다. 기본사회는 세 가지 기둥으로 이루어진다.

- **기본자산** : 출발선의 불평등을 끊는다. 청년에게 사회적 상속 형태의 기초자산을 지급함으로써, 부모의 자산 여부가 삶을 결정하지 않도록 한다.
- **기본소득** : 모든 시민에게 조건 없이 정기적으로 지급되는

현금이다. 존재 자체로 존엄을 인정받는 제도다. 핀란드 실험과 알래스카 영구기금 배당은 그 가능성을 보여준다. 신안군의 햇빛연금 실험은 에너지 공유부 배당의 길을 열었다.

- **기본서비스** : 교육, 보건, 주거, 돌봄, 교통, 에너지, 통신 등 필수 서비스를 보편적으로 제공한다.

이 책은 "사회보장이 소득 상실 위험에 대응하는 제도라면, 기본사회는 존엄한 삶 그 자체를 보장하는 새로운 사회계약"이라고 설명한다.

이 책은 정책 분석의 언어와 삶의 이야기를 동시에 담고자 한다. 청년의 좌절, 노동자의 불안, 농민과 노인의 고단한 삶, 이주민과 장애인의 목소리를 통해 왜 기본사회가 필요한지를 보여주고, 동시에 국내외 연구와 통계를 통해 어떻게 가능할지를 제안한다.

책은 다섯 부분으로 구성된다.

1부에서는 불평등, 노동, 기후위기라는 세 가지 벽을 다루고,

2부에서는 기본사회의 철학적 · 역사적 뿌리를 살핀다.

3부에서는 기본자산 · 기본소득 · 기본서비스라는 세 기둥을 집중 분석하고,

4부에서는 쟁점과 과제를,

5부에서는 한국적 적용과 미래 전망을 다룬다.

마지막 결론에서는 “기본사회로 함께 걷는 길”이라는 제목으로, 한국 사회가 산업화 30년, 민주화 30년을 지나 이제 기본사회 30년을 준비해야 함을 제시한다.

우리는 출발선에서 이미 숨이 찬 사람들과 함께 걷고 있다. 청년은 주거와 일자리 앞에서, 노동자는 불안정 고용과 사고 위험 앞에서, 노인은 기후위기와 빈곤 앞에서 숨이 차다. 그러나 이들과 함께 걷는 길 위에서 우리는 새로운 사회계약을 모색할 수 있다.

기본자산 · 기본소득 · 기본서비스. 이 세 기둥은 단순한 제도가 아니라, 모두의 존엄을 지키는 사회의 약속이다.

이 책은 그 약속을 향해, 독자와 함께 걷는 기록이다.

❙ 추천사

강남훈(한신대학교 명예교수, 더불어민주당 기본사회 위원회 정책단장, 사단법인 기본사회 이사장)

우리는 지금 거대한 전환의 한가운데에 있습니다. 산업화와 민주화를 거치며 복지국가의 기초를 만들었지만, 불평등은 증가하고 있고 위기가 닥치고 있습니다. 부모의 자산이 자녀의 미래를 결정하는 '세습사회'의 벽 앞에서 청년들은 좌절하고, 자동화와 플랫폼 경제가 확산되면서 노동은 점점 더 불안정해지고 있습니다. 여기에 더해서 기후위기는 인류의 생존 자체를 위협하고 있습니다.

이 책은 바로 이러한 문제의식에서 출발합니다. 21세기 한국사회가 직면한 복합적 위기를 날카롭게 진단하면서, 이것을 극복하기 위한 새로운 사회계약, 즉 기본사회라는 해법을 제시합니다. 이재명 대통령은 기본사회를 다음과 같이 정의하였습니다. "기본사회는 단편적인 복지정책이나 소득 분배에 머무르지 않습니다. 우리 헌법에 명시된 행복추구권과 인권을 바탕으로, 모든 국민의 기본적 삶을 실질적으로 보장하는 사회입니다."(이재명 대통령 페이스북) 이 책은 구체적인 현실의 목소리와 실증적 분석을 가지고 기본사회를 설명하고 있습니다.

이 책에서는 기본사회가 세 가지 기둥 위에 세워져 있다고 설명하고 있습니다. 첫째, **기본자산**은 부의 대물림이라는 불공정한 출발선을 바로잡고, 모든 청년에게 공정한 기회의 사다리를 놓아주자는 약속입니다. 토머스 페인의 『토지정의』부터 피케티의 현대적 제안까지, 오랜 사상적 뿌리를 가진 이 개념은 청년의 삶을 근본적으로 변화시킬 잠재력을 가졌습니다. 둘째, **기본소득**은 고용 여부와 무관하게 모든 시민에게 삶의 최소한의 기반을 보장함으로써, 불안정 시대에 새로운 사회적 안전망을 제공합니다. 핀란드와 한국 경기도의 실험은 기본소득이 단순히 빈곤을 완화하는 것을 넘어, 삶의 만족도와 사회적 신뢰를 높일 수 있음을 증명합니다. 셋째, **기본서비스**는 교육, 의료, 주거, 돌봄, 교통, 에너지, 통신과 같은 필수 서비스에 대한 보편적 권리를 보장함으로써, 시장이 해결하지 못하는 집단적 필요를 사회가 책임지겠다는 선언입니다.

물론 이 모든 변화는 막대한 재원과 정치적 합의를 필요로 합니다. 탄소세, 국토보유세, 디지털세 등 '공유부'에서 재원을 마련하자는 혁신적 제안은 불평등을 완화하면서 동시에 지속가능성을 높이는 두 마리 토끼를 잡는 현실적인 방안입니다.

기본사회는 복지국가의 이념과 성과를 계승하면서, 그 한계를 넘어서는 새로운 사회적 진화입니다. 복지국가라는 오래된 토대 위에 기본사회라는 새로운 건물을 짓자고 제안합니다. 이것은 이상주의자들의 꿈이 아니라, 절박한 현실에 대한 실천적 해법입니다.

저자인 유동철 교수는 기본소득과 기본사회 운동의 오랜 동지입니다. 최근 자신의 비전을 직접 실현하기 위해서 정치 영역에 도전하고 있습니다. 이 책의 마지막 문장처럼 "혼자가 꿈이면, 함께는 제도다"라는 믿음을 갖고 함께 노력한다면 우리 후손들에게 기본적인 삶이 보장되는 사회를 물려줄 수 있을 것니다.

I 추천사

김우영 국회의원

대한민국은 일본의 식민 지배와 동족상잔의 폐허를 딛고 산업화와 민주화라는 전환점을 거치며 세계를 선도하는 국가가 되었습니다. 그러나 성장의 과실은 있었지만, 그 열매가 고르게 분배되지 못한 현실 앞에서 우리는 "다음 세대에게 어떤 사회를 물려줄 것인가"라는, 또 하나의 변곡점이 될 질문을 마주하게 되었습니다.

이 책은 그 질문에 대한 저자들의 성찰이자 제안입니다. 불평등, 기후위기, 기술 전환이라는 거대한 변화 속에서, 복지국가의 한계를 넘어 대한민국의 사회적 신뢰를 새로이 구축할 수 있는 사회계약을 모색합니다. 기본자산 · 기본소득 · 기본서비스라는 세 축을 통해 모든 국민이 인간다운 삶을 보장받는 사회가 바로 이 책이 말하는 '기본사회'의 비전입니다.

저자들은 제도의 고도화에 앞서 사람의 삶을 강조합니다. 청년의 출발선, 노동자의 일터, 노년의 존엄이 지켜질 때 사회 공동체가 회복된다는 믿음이 이 책을 관통합니다. 정치와 정책이 지향해야 할 방향도 여기에 있습니다.

대한민국이 더 공정하고 따뜻한 사회로 나아가는 국민의 위대한 여정에 『기본사회』가 길잡이가 되기를 소망합니다. 단지 한 권의 책에만 그치지 않고, 시대가 요구하는 새로운 사회적 약속을 국회와 정부, 시민사회 모두 실천할 수 있는 용기를 불러일으키기를 기대합니다.

오늘의 세대와 내일의 세대가 함께 설계해야 할 대한민국의 다음 30년을 위한 지침서가 될, 『기본사회』를 집필하신 저자분께 깊은 감사의 말씀을 전합니다.

❙추천사

김기표 국회의원

『기본사회 : 불평등 시대의 새로운 사회계약』은 유동철 수영구 지역위원장이 평생 걸어온 복지운동과 사유의 결실이다. 부산에서 사회복지연대와 시민단체를 이끈 그의 고뇌는 늘 한결 같았다. “국가는 국민을 어떻게 지켜야 하는가.” 그 물음 속에는 인간의 존엄을 지키려는 굳은 신념이 담겨 있다.

유 위원장은 복지예산 확대와 장애인 인권운동, 그리고 보편적 복지국가 건설을 위해 분투해 왔다. 그가 제시하는 ‘기본사회’는 단순한 정책이 아니라 새로운 사회계약의 제안이다. 기본자산 · 기본소득 · 기본서비스라는 세 기둥 위에서 모두의 삶이 존중받는 사회를 설계하자는 것이다.

이 책은 불평등, 노동의 불안정, 기후위기라는 거대한 벽 앞에서 우리가 어떤 선택을 해야 하는지를 묻는다. 유 위원장은 “기본소득은 돈의 문제가 아니라 존엄의 문제”라 말한다. 그 말은 우리 사회가 이제 경쟁이 아닌 공존이라는 새로운 길로 나아가야 함을 일깨운다.

나는 이 책이 단지 기본소득이라는 정책의 제안서가 아니라, 더 나은 사회로 나아가기 위한 실천의 이정표가 되리라 믿는다. 유동철 위원장의 따뜻한 시선과 치열한 사유가 우리 모두의 내일을 밝히는 등불이 되기를 기대한다.

Contents

| 차 례

제 4 부
쟁점과 과제

제 5 부
한국적 적용과 미래 전망

제 1 부

불평등 시대의 도전과 응답

제1장 세습사회로의 전환

제2장 노동의 종말과 새로운 위험

제3장 기후위기와 사회계약의 재구성

제1장

세습사회로의 전환

출발선에서 이미 숨이 차 있는 사람들과 함께 걷는 기록

자산 불평등과 청년의 좌절 - "집은 꿈이 아니라 벽입니다"

서울 청년센터 상담실에서 만난 스물여덟 청년은 이렇게 말했다.

"열심히 준비하면 뭐든 할 수 있다고 배웠는데, 지금은 집 한 칸 없는 현실이 제 발목을 잡습니다. 부모님이 해줄 수 있는 게 없다는 사실 하나로 제 미래도 없어진 것 같아요."

이 고백은 단순한 개인의 푸념이 아니다. 실증 통계가 이를 뒷받침한다. 통계청의 「가계금융복지조사」(2022)에 따르면 상위 10% 가구의 평균 자산은 하위 10%의 무려 62배에 달한다. 자산 격차가 이처럼 극단적으로 확대되면, 하위 계층은 단순히 소득을 올려도 상위 계층을 따라잡을 수 없게 된다. 자산은 축적의

시간이 필요하고, 한번 벌어진 격차는 세대 간 이전을 통해 더욱 공고해진다.

아래 그래프는 지난 10년간 한국의 자산 불평등이 얼마나 빠르게 심화되었는지를 보여준다. 상위 10%와 하위 10% 간의 격차가 2012년 이후 꾸준히 확대되며 '세습사회'의 토대를 형성하고 있음을 시각적으로 확인할 수 있다.

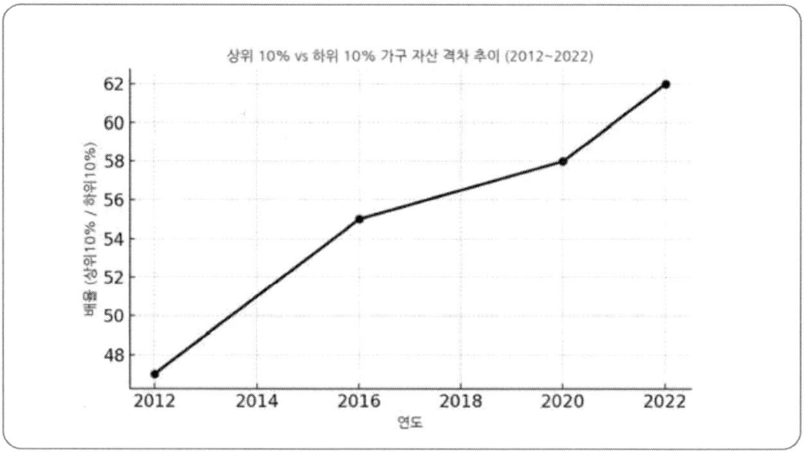

[그림 1-1] 상위 10% vs 하위 10% 가구 자산 격차 추이 (2012~2022)

출처 : 통계청, 「가계금융복지조사」(2022)

한국의 자산 불평등은 '세습사회'의 토양을 형성하고 있다. 부모의 자산이 없는 청년은 출발선에서부터 뒤처질 수밖에 없으며, 노력과 근로 소득만으로는 그 격차를 메우기 어렵다. 이로 인해 자산 격차는 단순한 경제적 불평등을 넘어 청년 세대의 삶의 전략과 가치관을 바꾸고 있다.

국세청의 「상속 · 증여세 통계연보」(2021)는 이러한 현실을 구체적으로 보여준다. 30세 미만 세대주의 자산 중 30% 이상이 증여에서 비롯된 것이다. 다시 말해, 청년들이 독립적 경제 주체로서 자산을 형성하기보다 부모 세대로부터 이전받은 자본에 의존하는 구조가 일반화되고 있다.

아래 그림은 청년 세대의 자산이 근로와 저축보다 상속 · 증여를 통해 형성되는 구조임을 보여준다. 다시 말해, '부모 찬스'가 청년의 출발선을 결정짓는 시대라는 현실을 데이터로 드러낸다.

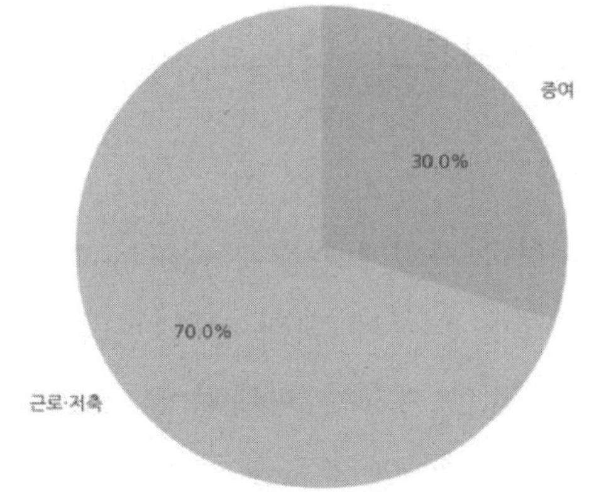

[그림 1-2] 30세 미만 세대주 자산 형성 요인 (2021)

출처 : 국세청, 「상속 · 증여세 통계연보」(2021)

이 수치는 한국 사회에서 청년 세대의 자산 형성이 근로 · 저축이 아니라 부모 찬스에 의해 좌우된다는 사실을 명확히 보여준다. 결과적으로 부모가 자산을 보유했는지 여부가 곧 자녀의 미래를 결정하는 '운명적 요인'으로 작동하게 된다. 주거 마련, 결혼, 창업, 교육 투자 등 청년의 주요 생애 선택은 부모의 지원 유무에 따라 갈라진다.

결국 "집은 꿈이 아니라 벽"이라는 청년들의 고백은 과장이 아니다. 통계와 현실이 교차하는 지점에서, 한국 사회는 청년들에게 계층 상승의 희망 대신 좌절과 체념을 강요하고 있다. 자산 격차가 세대 간 이전을 통해 고착화되는 한, 노력과 성실만으로는 사회적 이동이 불가능한 구조가 지속될 것이다.

세대 간 이동성의 붕괴 - "기회의 사다리가 사라졌다"

이철승 · 황인혜 · 임현지(2018)의 연구 『한국 복지국가의 사회경제적 기초』는 한국 사회에서 복지 태도는 단순한 소득 수준이 아니라 자산 소유 여부에 의해 더욱 뚜렷하게 갈라진다고 분석한다. 자산이 적은 계층은 미래의 불확실성에 대한 '보험욕구(insurance motive)' 때문에 보편적 복지 확대를 지지하는 반면, 자산을 충분히 보유한 계층은 사적 자산을 통해 위험을 스스로 흡수할 수 있으므로 선별적 복지를 선호한다. 다시 말해, 오늘날 한국 사회에서 자산은 새로운 계급의 경계선이 되고 있는 것이다.

이러한 구조 속에서 자산의 대물림은 사회적 이동성을 더욱 제약한다. OECD 『Intergenerational Mobility Report』(2021)에 따르면 한국의 세대 간 소득 이동성 지표, 즉 IGE(Intergenerational Earnings Elasticity)는 0.62로 나타난다. 이는 자녀 세대의 소득 중 60% 이상이 부모 세대의 지위에 의해 결정된다는 뜻이다. OECD 평균은 0.35에 불과하며, 덴마크(0.15), 핀란드(0.18)와 같은 북유럽 국가는 부모의 영향력이 낮아 "기회의 사다리"가 작동하는 사회로 평가된다.

아래 그림은 OECD 주요국의 세대 간 소득 이동성을 비교한 것이다. 한국은 0.62로 OECD 평균 0.35를 크게 상회하며, 덴마크 · 핀란드 등 북유럽 국가에 비해 부모의 사회경제적 지위가 자녀 소득에 훨씬 강하게 작용함을 보여준다.

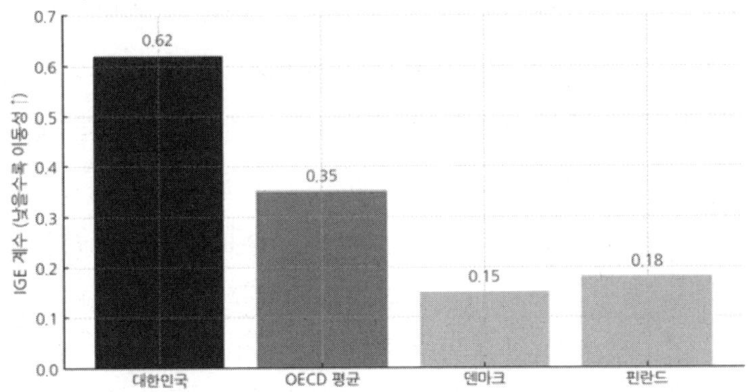

[그림 1-3] 세대 간 소득 이동성 국제 비교 (IGE, 2021)

출처 : OECD, 『Intergenerational Mobility Report』(2021)

이 지표는 한국이 이미 '세습사회(patrimonial society)'의 궤도로 진입했음을 보여준다. 교육 기회의 불평등, 치솟는 주거비와 사교육비, 그리고 증여와 상속을 통한 자산 대물림이 결합하면서, 개인의 노력과 능력만으로는 계층 이동이 거의 불가능한 사회가 된 것이다. 다시 말해, 사회적 이동성의 토대가 무너진 곳에서는 성실한 노동이나 학업 성취가 계층 상승으로 이어지지 않는다.

부산의 한 지역아동센터 고등학생은 이렇게 토로했다.

> "대학에 가고 싶지만, 등록금과 생활비가 너무 부담돼서 그냥 포기했어요."

이 짧은 고백은 통계 수치가 곧 삶의 현실로 이어지는 장면을 보여준다. OECD 평균보다 훨씬 낮은 사회적 이동성은 청년 세대에게 "꿈을 꾸는 것조차 사치인 사회"를 의미한다. 기회의 사다리가 사라진 사회에서는 부모의 사회경제적 지위가 자녀의 미래를 결정하고, 이는 청년층의 좌절과 함께 사회 전체의 활력과 민주주의 기반을 잠식하는 구조적 위협으로 이어진다.

구조적 불평등의 진단 - '개인의 실패'가 아니라 '제도의 부재'

한국 사회에서 불평등은 종종 '노력 부족'이나 '개인의 실패'로 설명된다. 그러나 앞선 장에서 살펴보았듯이, 현실은 훨씬 더 구조적이다. 자산의 불평등은 단순히 개인의 근면과 성실로는 극복할 수 없는 장벽을 세우며, 세대 간 이동성의 붕괴는 부모의 지위가 자녀의 미래를 결정짓는 사회로 우리를 몰아넣는다. 이러한 현상은 곧 '제도의 부재'라는 이름으로 설명될 수밖에 없다.

실제로 국제 비교 연구에서도 한국 사회의 불평등 구조는 분명히 드러난다. OECD 국가 중 한국은 장시간 노동에도 불구하고 사회안전망은 취약하며, 세대 간 자산 이전은 강화되고 있다. 복지국가의 기본 틀이 마련되지 않은 상황에서, 개인은 위험을 홀로 감당해야 하고 실패의 책임마저 전적으로 떠안게 된다.

통계청의 자료에 따르면 한국의 상대적 빈곤율은 2022년 기준 약 16%로, OECD 평균보다 높다. 특히 고령층 빈곤율은 40%를 넘어서 OECD 최고 수준을 기록한다. 이는 개인의 근로 의지가 부족해서가 아니라, 연금 제도의 미성숙, 사회 안전망의 사각지대, 공적 이전소득의 부족 때문임이 명확하다.

아래 그림은 한국의 상대적 빈곤율이 OECD 평균보다 높고, 특히 고령층 빈곤율이 세계 최고 수준임을 보여준다. 소득 재분배 장치의 한계가 불평등을 구조화하고 있음을 강조한다.

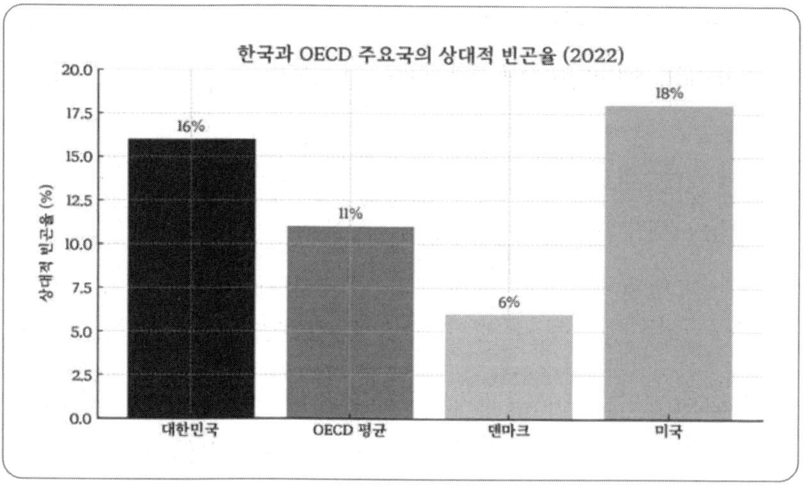

[그림 1-4] 한국과 OECD 주요국의 상대적 빈곤율 비교 (2022)

출처 : OECD Statistics, 통계청 재인용

이와 함께 한국 사회의 사회지출 규모도 OECD 평균을 크게 밑돈다. 2021년 기준, 한국의 GDP 대비 사회지출은 12%로 OECD 평균 20%에 한참 못 미친다. 이는 "개인의 노력"이 아니라 제도의 미비가 불평등을 확대시키는 핵심 요인임을 잘 보여준다.

아래 그림은 한국의 복지지출이 GDP 대비 12% 수준으로 OECD 평균(20%)에 한참 못 미친다는 점을 시각화한다. 사회적 안전망 부재가 개인의 실패가 아닌 제도의 실패임을 보여주는 근거이다.

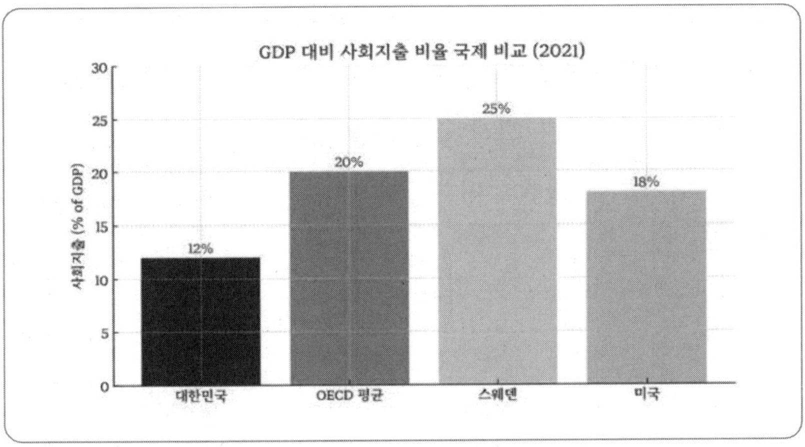

[그림 1-5] GDP 대비 사회지출 비율 국제 비교 (2021)

출처 : OECD Social Expenditure Database

결국, 청년이 집을 살 수 없는 것, 노인이 빈곤 속에서 노후를 보내는 것, 부모의 배경이 자녀의 미래를 결정하는 것은 결코 '개인의 실패'가 아니다. 그것은 사회적 위험을 분담하지 못하고, 보편적 안전망을 설계하지 못한 제도의 실패다.

청년기본자산의 필요성 - '사회적 상속'으로 출발선을 바꾸다

오늘날 한국 사회에서 청년들은 스스로의 노력만으로 삶의 기회를 넓히기 어려운 현실에 직면해 있다. 부모의 경제력이 교육, 주거, 취업, 결혼 등 인생의 중요한 결정 단계마다 영향을 미치기 때문이다. 흔히 '부모 찬스'라 불리는 이 현상은 단순한 개인의 문제라기보다 구조적인 자산 불평등이 세대 간에 전이되는 결과다. 이러한 현상은 곧바로 계층 이동성의 붕괴로 이어지고, 노력보다 출발선이 미래를 좌우하는 불평등 사회의 모습을 낳는다.

실제로 OECD가 발표한 자료에 따르면, 한국의 부모-자녀 간 소득 상관계수는 0.6 수준으로, OECD 평균(0.35)을 크게 상회한다. 이는 부모 소득이 높을수록 자녀 소득도 높아지고, 부모가 가난할수록 자녀도 가난을 벗어나기 어려운 사회라는 뜻이다. 반면 덴마크의 수치는 0.15로, 부모의 소득과 자녀의 소득 사이의 연관성이 매우 약하다. 덴마크 청년들은 한국 청년에 비해 훨씬 더 독립적이고 자유롭게 미래를 설계할 수 있는 기회를 갖는다. 이처럼 같은 선진국이라도 정책적 장치의 유무에 따라 청년 세대의 이동성과 사회적 희망의 크기가 달라진다.

아래 그림은 한국이 '부모 소득이 자녀 소득을 결정짓는 사회'라는 점을 수치로 드러낸다. 부모의 자산과 교육 수준이 자녀 세대의 미래를 결정하는 구조적 불평등의 심화를 상징한다.

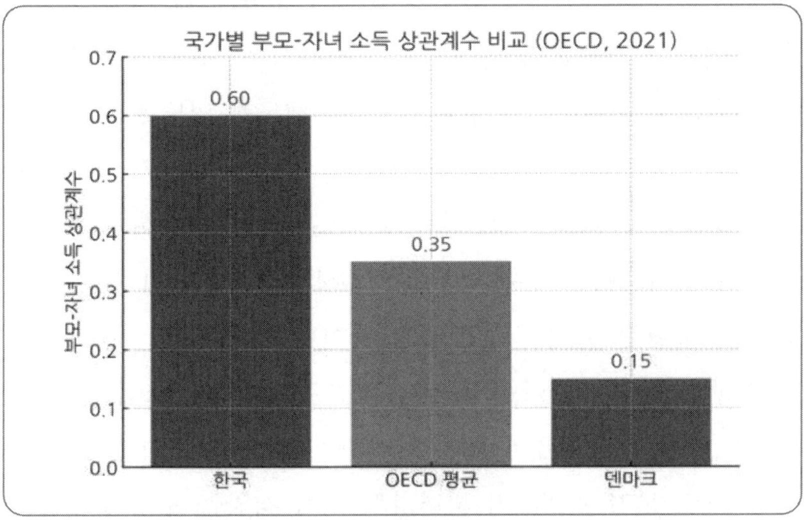

[그림 1-6] 국가별 부모-자녀 소득 상관계수 비교 (OECD, 2021)

출처 : OECD, Income Mobility Report (2021)

한국 정부도 이러한 문제의식을 공유하며 아동 · 청년의 자산 형성을 지원하기 위한 제도를 준비하고 있다. 그 대표적 사례가 바로 「우리아이 적립펀드」다. 이 제도는 아동 명의 계좌를 개설한 뒤 부모, 친척, 국가가 일정 금액을 적립하고, 성년에 이르면 목돈을 찾아 학업 · 주거 · 창업 등에 활용할 수 있도록 설계되어 있다. 표면적으로는 모든 아동에게 기본 자산을 형성할 기회를 보장한다는 점에서 큰 의미가 있다. 그러나 소득 수준에 따라 부모가 추가로 적립할 수 있는 여력은 크게 차이가 나기 때문에, 제도가 보편적 성격을 띠더라도 결과적으로는 불평등을 오히려 고착화시킬 수 있다는 비판이 제기된다.

예를 들어, 고소득 가정의 경우 정부 지원분에 더해 상당한 추가 적립이 가능하다. 반면 저소득 가정은 정부 지원 외에는 추가 적립을 기대하기 어렵다. 따라서 제도가 의도했던 '공정한 출발선 보장'이라는 효과는 줄어들고, 기존의 격차가 재생산될 수 있다. 결국 '사회적 상속'으로서의 기능을 충분히 발휘하기 위해서는 저소득 가정에 대한 추가 지원과 함께, 전 국민을 포괄하는 보편적 설계가 병행되어야 한다.

아래 그림은 소득 수준에 따라 정부가 동일한 제도를 운영해도 자산 축적 속도가 다르게 나타나는 현실을 보여준다. 기본자산 제도가 '보편적'이라 하더라도 소득 격차를 보정하지 않으면 불평등을 되레 고착화할 수 있음을 시사한다.

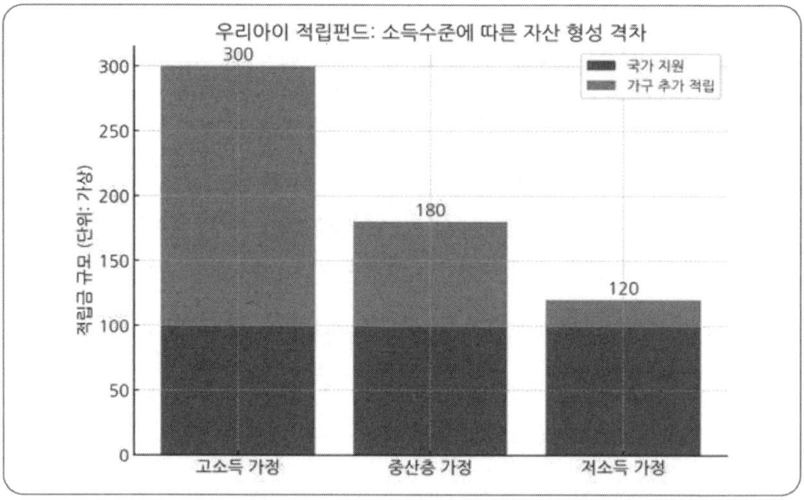

[그림 1-7] 우리아이 적립펀드: 소득수준별 자산 형성 격차 (가상 시뮬레이션)

출처 : 불평등 연속포럼, 「첫 출발 자본, 기초자산 발표문」(2023) ;
유동철, 『기본사회와 사회보장』(2023)

국제적으로도 청년기본자산 제도는 오랜 논의의 역사를 가지고 있다. 미국의 Ackerman과 Alstott(1999, 2006)은 모든 청년에게 21세가 되면 8만 달러를 지급하는 '사회적 지분급여'를 제안하였다. 영국은 2000년대 초반 Le Grand과 Nissan(2000)이 제안한 아동신탁기금(Child Trust Fund) 제도를 도입하였다. 모든 아동 명의 계좌에 국가가 일정 금액을 지원하고 성년기에 사용할 수 있도록 했다. 프랑스의 경제학자 Piketty(2014, 2020)는 누진적 재산세를 재원으로, 성인 평균 자산의 60%에 해당하는 기초자산을 모든 청년에게 지급하자고 주장했다. 이처럼 국가별 모델은 다르지만, 공통적으로 '세습되는 불평등을 사회적 제도로 교정해야 한다'는 철학을 공유하고 있다.

이러한 해외 사례와 비교해 볼 때, 한국의 청년기본자산 제도는 논의 단계에 머물러 있다. 그러나 한국 사회의 불평등 정도와 청년 세대의 좌절감을 고려할 때, 이 제도의 도입 필요성은 어느 나라보다 크다. 특히 부모의 자산 여부가 청년의 삶을 결정하는 구조 속에서, 청년기본자산은 모든 청년에게 최소한의 기회를 제공하는 가장 직접적이고 강력한 장치가 될 수 있다.

궁극적으로 청년기본자산은 단독으로 작동할 때보다 기본소득과 기본서비스가 결합할 때 의미가 확대된다. 기본자산이 출발선의 공정을 보장하고, 기본소득이 생애 전반의 안정성을 더하며, 기본서비스가 존엄한 생활을 지탱해 줄 때, 비로소 한국 사회는 세습사회의 장벽을 넘어설 수 있을 것이다.

제 2 장

노동의 종말과 새로운 위험

임금노동 체제의 붕괴

20세기 후반까지 한국 사회는 '고도 성장'이라는 이름 아래 임금노동 체제를 중심으로 움직여 왔다. 안정적인 대기업 정규직 일자리는 단순히 생계를 유지하는 수단을 넘어, 사회적 신분과 계층 상승의 사다리로 작동했다. 그러나 오늘날 이 체제는 더 이상 유지되기 어렵다. 기술 혁신과 세계화, 인구구조 변화가 맞물리면서 임금노동은 양적으로 축소되고 질적으로 불안정해지고 있다.

첫째, 자동화와 디지털 전환이 노동시장의 구조를 빠르게 변화시키고 있다. 제조업의 로봇 도입, 서비스업의 인공지능(AI)과 플랫폼 기술 확산은 기존의 단순·반복 노동뿐만 아니라 지식노동을 대체하고 있다. 이로 인해 청년층은 과거와 같은 안정적인 대기업 정규직을 기대하기 어렵고, 중장년층은 '기술 실업'의 압박에 직면한다(OECD, 2021).

둘째, 세계화와 외주화는 노동시장의 분절을 심화시켰다. 자본은 저비용·고효율을 추구하며 생산기지를 해외로 옮기거나, 국내에서도 비정규직과 파견 노동을 확대해 비용을 최소화한다. 이 과정에서 상층의 일부 노동자는 초고임금을 누리는 반면, 대다수는 불안정한 일자리와 낮은 소득에 머무른다.

셋째, 인구구조 변화 또한 임금노동 체제의 지속가능성을 위협한다. 저출산과 고령화로 인해 노동 인구는 빠르게 줄어드는 반면, 은퇴 후에도 생계를 위해 일해야 하는 고령층이 늘어나고 있다. 그 결과 '은퇴 없는 사회'가 도래했고, 안정적인 임금노동을 중심으로 설계된 사회보장제도는 균열을 일으키고 있다(통계청, 2022).

실제 통계청 자료에 따르면, 2022년 한국의 전체 취업자 중 비정규직 노동자의 비율은 약 33%에 달한다. 또한 플랫폼 노동자는 약 220만 명으로 추산되며, 이는 전체 노동시장의 8~9%에 해당한다(통계청, 2022). 이는 임금노동 체제가 더 이상 다수에게 안정성을 보장하지 못한다는 사실을 보여준다.

아래 그림은 지난 20년간 정규직·비정규직·플랫폼 노동자의 비율이 어떻게 변했는지를 보여준다. 비정규직과 플랫폼 노동의 비중이 꾸준히 증가하며, 임금노동 체제가 안정성을 잃고 있음을 시각적으로 확인할 수 있다.

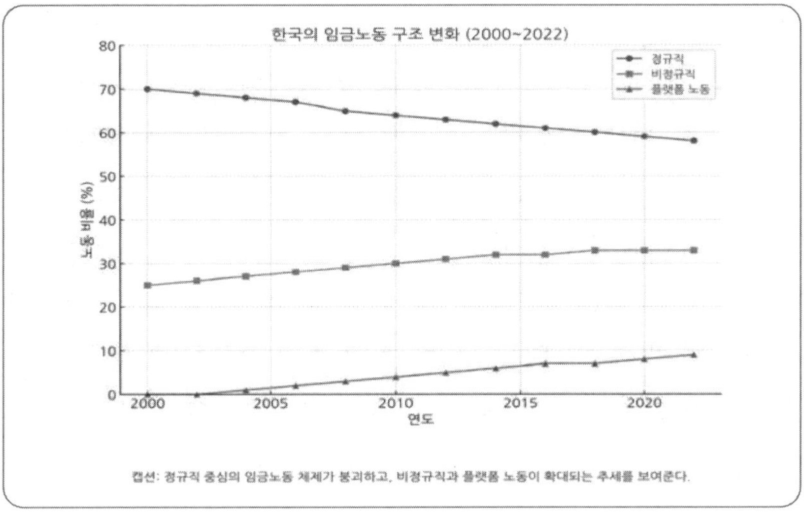

[그림 2-1] 한국의 임금노동 구조 변화 (정규직 · 비정규직 · 플랫폼 노동 비율, 2000~2022)

출처 : 통계청, 「경제활동인구조사 근로형태별 부가조사」(2022) ;
OECD, Employment Outlook (2021)

결국, 임금노동 체제의 붕괴는 단순히 일자리 문제를 넘어 한국 사회 전체의 사회계약 위기로 이어진다. "열심히 공부해 좋은 직장에 들어가면 안정된 삶을 살 수 있다"는 서사는 더 이상 작동하지 않는다. 이제 우리는 노동 중심의 사회계약을 넘어서는 새로운 사회적 합의를 모색해야 하는 시대적 과제에 직면해 있다.

핀란드 기본소득 실험의 교훈

노동 체제의 붕괴와 불안정성 심화 속에서 주목받은 대안 가운데 하나가 바로 기본소득이다. 기본소득은 고용 여부, 소득 수준, 자산 유무와 상관없이 모든 시민에게 무조건 지급되는 소득을 의미한다. 이 제도는 기존의 노동 중심 사회계약을 넘어, '일하지 않으면 생존할 수 없다'는 전제를 흔들며 새로운 사회계약의 가능성을 보여준다.

핀란드는 세계 최초로 전국 단위 기본소득 실험을 진행한 국가다. 2017년 1월부터 2018년 12월까지 2년 동안, 장기 실업 상태에 있던 2,000명의 국민을 무작위로 선정해 매달 560유로(약 71만 원)를 조건 없이 지급했다(KELA, 2019). 이 금액은 기존 실업급여와 유사했으나, 근로 여부와 상관없이 계속 지급된다는 점에서 성격이 달랐다.

실험 결과는 기대와 한계를 동시에 드러냈다. 우선, 고용 증대 효과는 미미했다. 기본소득을 받은 그룹과 그렇지 않은 그룹 사이에서 근로시간이나 취업률의 유의미한 차이는 나타나지 않았다(KELA, 2019). 이는 "기본소득이 도덕적 해이를 불러일으켜 사람들이 일하지 않을 것"이라는 비판과, "기본소득이 오히려 취업 의욕을 북돋울 것"이라는 기대 모두를 넘어서는 결과였다.

그러나 삶의 만족도와 웰빙 지표에서는 뚜렷한 개선이 나타났다. 기본소득을 받은 사람들은 불안감과 스트레스가 줄었고, 미래에 대한 계획을 세우는 데 있어 더 큰 안정감을 가졌다. "실직 상태에서도 최소한의 안전망이 있다는 것만으로도 삶의 주도권을 회복할 수 있다"는 점을 보여준 것이다.

아래 그림은 핀란드의 기본소득 실험 결과를 요약한 것이다. 기본소득이 고용률에는 큰 영향을 미치지 않았지만, 삶의 만족도와 정신적 안정감을 크게 높였다는 사실을 보여준다.

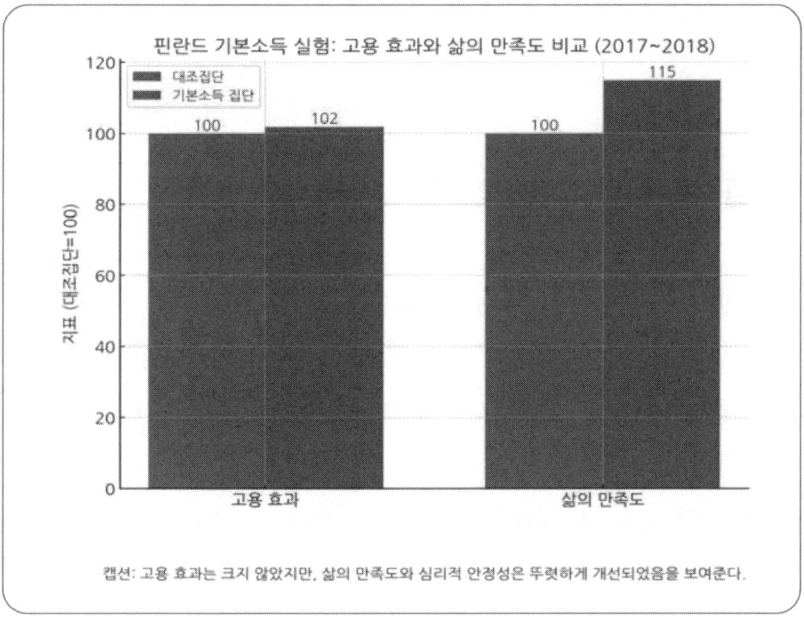

[그림 2-2] 핀란드 기본소득 실험 : 고용 효과와 삶의 만족도 비교 (2017~2018)

출처 : KELA(핀란드 사회보험청), 기본소득 실험 보고서 (2019)

핀란드 사례는 기본소득이 단순히 노동시장 활성화 정책이 아니라, 인간다운 삶을 보장하는 권리의 문제라는 점을 부각시킨다. 실험은 짧고 규모도 제한적이었지만, 그 결과는 기본소득 논의의 방향을 '고용 효과'에서 '삶의 질과 인간 존엄의 보장'으로 전환시키는 계기가 되었다.

한국 사회에도 이 실험은 중요한 교훈을 준다. 플랫폼 노동·프리랜서·비정규직이 늘어나는 현실에서, 기존 실업급여와 고용보험만으로는 새로운 위험을 감당하기 어렵다. 따라서 기본소득은 고용 여부와 무관하게 최소한의 삶을 지탱할 수 있는 새로운 안전망이 될 수 있다.

플랫폼 노동과 불안정성

21세기 노동시장의 가장 두드러진 변화 중 하나는 플랫폼 노동의 급속한 확산이다. 디지털 기술과 모바일 네트워크를 기반으로 한 플랫폼 노동은 '새로운 기회'와 '새로운 위험'을 동시에 가져왔다.

대표적인 사례는 배달, 대리운전, 택배, 가사·돌봄 서비스와 같은 온디맨드(on-demand) 노동이다. 노동자는 스마트폰 애플리케이션을 통해 일감을 즉시 수주하고, 고객과 직접 연결된다. 이러한 구조는 전통적인 사업주–근로자 관계를 흐릿하게 만들고, 노동을 '유연화'한다는 장점과 동시에 '불안정화'한다는 단점을 동시에 드러낸다.

첫째, 플랫폼 노동은 고용의 안정성이 낮다. 플랫폼 기업은 노동자를 정규직으로 고용하지 않고, '개인사업자' 혹은 '프리랜서'로 취급한다. 이로 인해 노동자는 4대 보험, 퇴직금, 유급휴

가와 같은 기본적 사회보장 제도에서 배제된다(한국고용정보원, 2022). 실제로 한국 플랫폼 노동자의 상당수는 실업급여나 산재보험 혜택을 받지 못한다.

둘째, 플랫폼 노동은 소득의 불안정성이 크다. 수입은 노동시간과 고객 수요에 따라 들쭉날쭉하며, 경기 침체나 날씨와 같은 외부 변수에도 크게 흔들린다. 특히 배달·퀵서비스 노동자는 코로나19 시기에는 수요 증가로 일시적 호황을 누렸으나, 이후 플랫폼 수수료 인상과 경기 둔화로 다시 소득이 줄어드는 악순환을 겪고 있다.

셋째, 플랫폼 노동은 위험의 전가를 심화시킨다. 사고, 장비 유지비, 차량 보험료와 같은 비용은 대부분 노동자 개인이 부담한다. 즉, 플랫폼 기업은 '중개자'의 위치에 머물며 이윤을 확보하는 반면, 위험은 노동자가 떠안는 구조다.

통계청과 한국노동연구원 조사에 따르면, 2022년 한국의 플랫폼 노동자는 약 220만 명, 전체 취업자의 약 8~9%에 달한다. 특히 20~30대 청년층과 고령층에서 높은 비중을 차지하는데, 이는 기존 노동시장에서 배제된 계층이 대안으로 플랫폼 노동을 선택하고 있음을 보여준다.

아래 그림은 플랫폼 노동자가 급속히 늘어나는 추세를 나타낸다. 2018년 이후 2022년까지 약 두 배 이상 증가한 것으로, 불안정 노동이 구조화되고 있음을 보여준다.

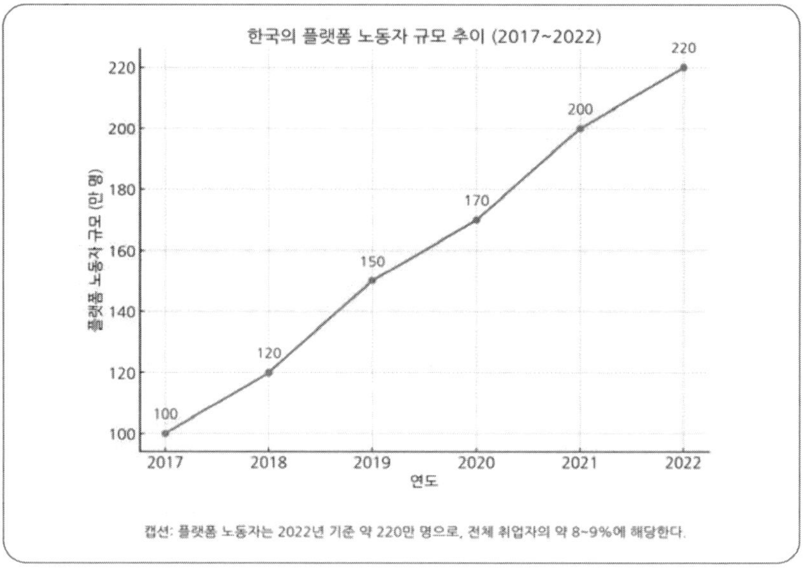

[그림 2-3] 한국 플랫폼 노동자의 규모와 비율 (2018~2022)

출처 : 통계청(2022), 한국고용정보원 플랫폼 노동 조사

플랫폼 노동의 확산은 단순히 새로운 고용 형태의 등장을 의미하지 않는다. 그것은 노동의 권리와 안전망이 해체되는 방향으로 노동시장이 재편되고 있음을 보여준다. 플랫폼 노동자가 '자유로운 개인사업자'라는 이름 아래 사실상 사회보장 밖에 방치된다면, 이는 불평등을 더욱 심화시키고 사회적 갈등을 증폭시킬 수밖에 없다.

따라서 플랫폼 노동의 확대는 한국 사회가 새로운 사회계약을 고민해야 할 중요한 계기가 된다. 노동이 더 이상 안정적 생계와 사회적 권리를 보장하지 못하는 상황에서, 기본소득과 같은 보편적 안전망은 단순한 선택이 아니라 필연적 대안으로 떠오른다.

새로운 사회계약의 필요성

임금노동 체제의 붕괴, 핀란드 기본소득 실험의 교훈, 그리고 플랫폼 노동의 확산은 한 가지 공통된 메시지를 전한다. 그것은 바로 노동 중심의 사회계약이 더 이상 유효하지 않다는 사실이다.

20세기 산업사회에서 사회계약은 기본적으로 "열심히 일하면 안정된 소득과 사회적 안전망을 보장받는다"는 전제 위에 세워졌다. 정규직 중심의 임금노동은 단순히 생계 수단이 아니라, 국민연금 · 건강보험 · 고용보험과 같은 사회보장제도의 기반이었으며, 개인이 존엄과 자율성을 지킬 수 있는 최소한의 조건이었다. 그러나 오늘날 이 체제는 근본적으로 흔들리고 있다.

첫째, 노동시장 자체의 불안정화다. 자동화와 디지털 전환으로 대체되는 일자리, 플랫폼 노동의 확산, 비정규직의 고착화는 더 이상 안정된 노동을 사회 다수에게 제공하지 못한다. 일하는 사람들의 상당수가 불안정한 지위에 놓이며, 기존 사회보장제도의 토대가 약화된다.

둘째, 노동을 통한 사회적 연대 약화다. 과거 노동조합은 동일한 직장에서 동일한 조건으로 일하는 다수 노동자들을 조직하며 사회적 연대와 협상력을 형성했다. 그러나 오늘날 노동시장은 극도로 분절되어 있어, 동일 업종 · 동일 직장에서조차 계약 형태와 근로 조건이 제각각이다. 이는 집단적 교섭력의 약화를 불러오고, 불평등은 더욱 확대된다.

셋째, 노동을 통한 권리 보장의 한계다. 사회보험이 고용을 전제로 설계되어 있는 상황에서, 고용이 불안정한 사람들은 권리 자체에서 배제된다. 즉, 일할 능력은 있지만 안정된 고용을 얻지 못하는 이들에게 현행 사회계약은 사실상 아무런 보호도 제공하지 못한다.

이러한 현실 속에서 제기되는 대안이 바로 새로운 사회계약이다. 이는 임금노동을 전제로 한 권리 보장에서 벗어나, 모든 사람에게 인간다운 삶을 보장하는 기본권적 안전망을 새롭게 설정하는 것이다.

- **기본자산**은 출발선의 공정을 보장한다. 부모의 배경과 상관없이 모든 청년이 사회에 첫발을 내딛을 때 최소한의 자산을 가질 수 있도록 한다.
- **기본소득**은 고용 여부와 무관하게 생애 전반의 안정성을 제공한다. 불안정 노동이 확산되는 시대에, 기본소득은 최소한의 생활 기반을 보장하는 필수적 제도다.
- **기본서비스**는 주거, 의료, 교육, 돌봄과 같은 인간다운 삶의 필수 조건을 집단적으로 보장한다. 시장 의존적 안전망의 한계를 넘어, 모두가 존엄을 지킬 수 있는 생활 토대를 마련한다.

아래 그림은 기본자산 · 기본소득 · 기본서비스가 결합된 '새로운 사회계약'의 구조를 도식화한다. 임금노동 중심 사회계약이 아닌, 모든 시민의 존엄과 권리를 중심에 둔 기본사회의 패러다임 전환을 상징한다.

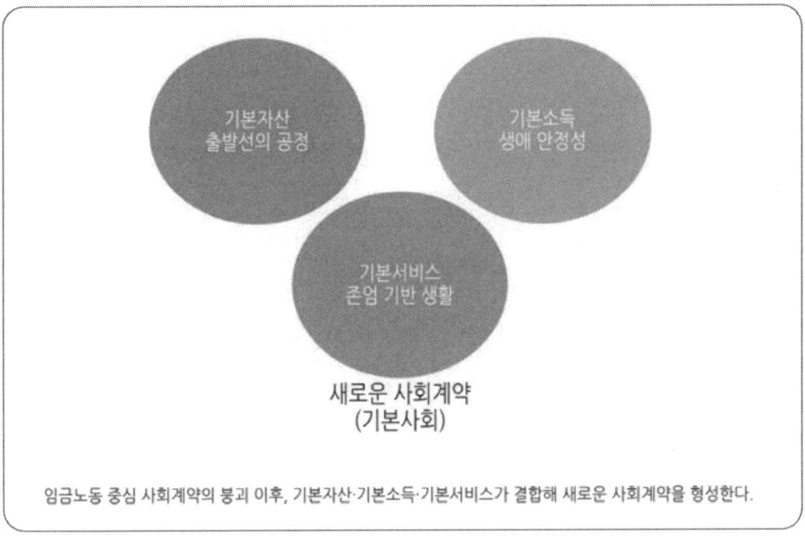

[그림 2-4] 새로운 사회계약의 구상 : 기본자산 · 기본소득 · 기본서비스의 결합
출처 : 필자 작성(『기본사회 : 불평등 시대의 새로운 사회계약』 원고 재구성)

결국 새로운 사회계약은 "노동하지 않으면 권리도 없다"는 낡은 전제를 넘어, 모든 인간이 존엄하게 살아갈 권리를 보장하는 계약이어야 한다. 불평등 시대를 넘어 지속 가능한 사회로 나아가기 위해, 우리는 기본자산 · 기본소득 · 기본서비스라는 새로운 기둥 위에 사회계약을 다시 설계해야 한다.

제 3 장

기후위기와 사회계약의 재구성

기후위기의 심각성과 사회적 비용

21세기의 인류가 직면한 가장 거대한 도전은 기후위기다. 산업혁명 이후 화석연료 기반의 성장은 생활수준을 향상시켰지만, 동시에 지구의 탄소 순환을 교란시키고 생태적 균형을 무너뜨려 돌이킬 수 없는 결과를 낳았다. 이미 지구 평균기온은 산업화 이전보다 1.2도 상승했으며, 2030년 전후에는 1.5도 임계점을 돌파할 수 있다는 경고가 이어진다.

문제는 기후위기가 단순한 환경 문제가 아니라는 점이다. 기후위기는 생존 조건을 위협하는 동시에, 사회·경제적 비용을 폭발적으로 늘리고 불평등을 심화시키며, 미래 세대의 권리와 기회를 제약한다. 따라서 이 문제는 복지국가의 위험 관리 체계와 사회계약의 근본적 전환을 요구한다.

가장 직접적인 영향은 재난의 일상화다. 과거에는 '100년에 한 번' 발생한다고 여겨지던 홍수나 폭우가 이제는 거의 매년 반복되고 있다. 2022년 수도권 집중호우는 불과 몇 시간 만에

도심을 마비시켰고, 반지하 주거에 살던 서민들이 목숨을 잃었다. 같은 해 태풍 ‘힌남노’는 영남 지역에 수조 원대 피해를 남겼다.

아래 그림은 지난 20여 년간 한국의 기후재난 피해액 추이를 보여준다.

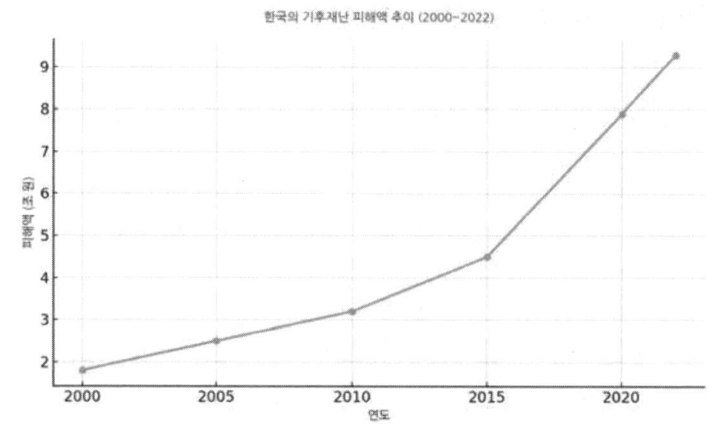

[그림 3-1] 한국의 기후재난 피해액 추이 (2000~2022)

출처 : 행정안전부(2023) 「재난연감」, 한국은행 국민계정

이 수치가 의미하는 것은 기후재난 피해가 단순히 일시적 사건이 아니라 구조적 추세로 자리 잡았다는 사실이다. 2000년대 초반 2조 원 남짓이던 피해액은 2010년대 중반 이후 가파르게 증가했고, 2022년에는 GDP의 1%를 넘어섰다. 이는 재난이 특정 지역이나 가구의 문제가 아니라, 국가 경제 전체의 안정성을 위협하는 수준임을 시사한다.

또한 OECD는 기후위기 대응 비용이 앞으로 더 급격히 늘어날 것이라고 전망한다. 아래 표는 재난 복구, 에너지 전환, 산업 구조 전환 등 항목별 비용 전망을 제시한다.

〈표 3-1〉 기후위기 대응 관련 사회적 비용 전망(2020~2030)

구분	2020년	2030년 전망	주요 항목
재난 복구 비용	GDP의 0.9%	GDP의 1.5%	홍수, 폭염, 태풍 피해
에너지 전환 비용	GDP의 1.0%	GDP의 2.0%	재생에너지 투자, 원전 해체
산업 구조 전환	GDP의 0.5%	GDP의 1.0%	고탄소 산업 축소, 전환 지원
총 사회적 비용	GDP의 2.4%	GDP의 4.5%	종합 추계

출처 : OECD(2021) 「Climate Action and Economic Outlook」, 기획재정부 기후재정 보고서

위 표에서 확인할 수 있듯, 기후위기 대응 비용은 향후 10년간 두 배 가까이 늘어날 전망이다. 이는 단순한 환경정책 차원이 아니라 국가 재정·사회보장 체계를 근본적으로 재설계해야 함을 시사한다.

무엇보다 기후위기는 불평등을 심화시킨다. 홍수와 태풍 피해는 고층 아파트보다 옥탑방이나 반지하 주택 거주민에게 훨씬 더 치명적이고, 폭염의 위험은 냉방시설을 충분히 이용할 수 없는 저소득층에 집중된다. 에너지 가격 상승은 전 계층에 영향을 미치지만, 저소득 가구일수록 지출에서 차지하는 비중

이 높아 생계에 직접적 타격을 준다. 재난 이후 회복력 역시 자산과 네트워크가 부족한 계층일수록 현저히 떨어진다.

더 나아가 기후위기는 세대 간 정의의 문제를 드러낸다. 현재의 탄소 배출은 미래 세대의 생존 조건을 근본적으로 제약하며, '기후 부채(climate debt)'라는 개념은 이를 명확히 보여준다. 현 세대가 누리는 경제적 번영은 미래 세대에게 막대한 비용으로 전가된다. 21세기 불평등은 단순한 소득과 자산의 격차를 넘어 생태적 격차로 확장되고 있으며, 이는 기존 복지국가의 사회계약을 근본적으로 재검토하게 만든다.

따라서 기후위기는 환경 문제가 아니라 사회 문제이자 정치 문제이며, 새로운 사회계약의 재구성을 불가피하게 만든다. 산업화 시대의 사회계약이 성장과 분배를 중심으로 구축되었다면, 이제는 지속가능성을 핵심 원리로 삼는 기본사회적 계약이 필요하다. 기후위기 대응 과정에서 발생하는 사회적 비용을 어떻게 공정하게 분담할 것인가, 취약계층을 어떻게 보호할 것인가, 그리고 미래 세대에게 어떤 책임을 다할 것인가가 그 핵심 쟁점이 된다.

기후위기와 새로운 사회적 위험

복지국가는 역사적으로 산업사회적 위험—질병, 실업, 노령—에 대응하기 위해 만들어졌다. 건강보험, 고용보험, 연금제도는 노동시장에서 발생하는 위험을 제도적으로 흡수하며 시민의 생활 안정성을 보장했다. 그러나 21세기에 들어 사회적 위험의 성격은 크게 변하고 있다. 가족 구조의 변화, 플랫폼 노동의 확산, 저출산·고령화는 이른바 신사회적 위험(new social risks)으로 불린다. 그리고 이제 기후위기가 그 어떤 위험보다 광범위하고 심각한 새로운 사회적 위험으로 부상하고 있다.

첫째, 기후위기는 생존의 위험이다. 폭염은 온열질환자와 사망자를 증가시키며, 미세먼지와 같은 대기오염은 호흡기 질환과 조기사망을 유발한다. 홍수와 산사태는 직접적으로 인명을 앗아간다. 특히 노인, 장애인, 만성질환자 등 취약계층이 가장 큰 타격을 받는다.

둘째, 기후위기는 생계의 위험이다. 농어민은 가뭄과 태풍으로 생산량이 급감하며, 건설·운송·일용직 노동자는 재난 발생 시 가장 먼저 일자리를 잃는다. 탈탄소 전환 과정에서 석탄·철강·조선 등 고탄소 산업 종사자들은 직업 자체를 잃을 수 있다. 이는 기후위기가 단순한 자연현상이 아니라 노동시장 구조 전반을 흔드는 전환위험(transition risk)임을 의미한다.

셋째, 기후위기는 생활 기반의 위험이다. 홍수와 태풍은 주거공간을 파괴하고, 에너지 가격 상승은 저소득층 가계의 생존을 위협한다. 교통·통신·전력 등 사회 인프라도 재난에 취약해 일상생활을 불안정하게 만든다.

아래 표는 기후위기가 기존의 산업사회적 위험과 어떻게 다른 성격을 가지는지 보여준다.

〈표 3-2〉 전통적 사회적 위험과 기후위기의 비교

구분	위험 범위	지속 기간	영향 대상	불평등 차원
전통적 사회적 위험	개인 · 가구 단위	단기적	현재 세대 중심	계층 내 불평등
기후위기	국가 · 지구 단위	장기적 · 누적적	현재 + 미래 세대	세대 간 · 국가 간 불평등

출처 : Esping-Andersen(1999), OECD(2021) 재구성

이 표가 의미하는 것은 기후위기가 전통적 위험과 달리 범지구적 · 장기적 · 세대 간 불평등이라는 차원을 지닌다는 점이다. 질병이나 실업은 특정 시점에 개인이 겪는 위험이지만, 기후위기는 세대 전체, 나아가 미래 세대까지 위협한다. 이는 기존의 사회보험 체계로는 감당할 수 없는 새로운 위험이라는 사실을 보여준다.

또한 기후위기의 영향은 소득계층별, 지역별, 세대별로 불평등하게 나타난다. 이는 단순한 환경 정책 차원이 아니라 기후정의(climate justice) 문제로 이어진다. 즉, 기후위기는 "환경문제"이자 동시에 "불평등 문제"이며, 따라서 사회계약을 재구성하는 핵심 변수로 다루어져야 한다.

이처럼 기후위기를 새로운 사회적 위험으로 규정하는 것은, 복지국가 패러다임을 넘어선 기본사회적 계약을 모색하는 출

발점이 된다. 다음 절에서는 이러한 논의가 어떻게 기후정의와 사회계약의 재구성으로 이어지는지를 살펴본다.

기후정의와 사회계약의 재구성

기후위기는 단순히 환경의 문제가 아니라 사회 전체의 불평등과 직결되는 문제다. 동일한 폭염이라도 냉방을 충분히 사용할 수 있는 계층과 그렇지 못한 계층의 체감은 극명하게 갈리고, 동일한 홍수라 해도 고층 아파트와 반지하 주택 거주민의 피해는 비교할 수 없다. 또한 지금 배출되는 탄소는 미래 세대의 생존 조건을 악화시킨다. 따라서 기후위기는 필연적으로 정의(justice)의 문제이며, 기존의 사회계약을 근본적으로 다시 써야 하는 이유가 된다.

기후정의(climate justice)는 기후위기 대응 과정에서 발생하는 비용과 이익을 공정하게 분배하고, 피해를 최소화하며, 세대와 국가를 넘어 평등하게 책임을 나누는 것을 의미한다. 이를 위해 사회계약은 다음 세 가지 측면에서 재구성되어야 한다.

첫째, 비용 분담의 공정성이다. 탄소세나 에너지세는 기후위기 대응의 핵심 수단이지만 역진적 효과를 갖는다. 저소득층은 에너지 지출 비중이 높아 더 큰 부담을 지게 된다. 따라서 탄소세는 반드시 환급제도, 기후소득 등 보완적 장치와 결합해야 한다.

둘째, 취약계층 보호다. 기후재난 피해는 불평등하게 분포하기 때문에, 주거 · 에너지 · 교통과 같은 기본서비스를 공공적으로 보장해야 한다. 이는 단순한 복지 확대가 아니라 기후위기 시대의 새로운 사회적 안전망 구축이다.

셋째, 세대 간 정의다. 현재의 배출을 줄이지 않으면 미래 세대는 기후 부채를 짊어져야 한다. 따라서 청년과 미래 세대가 정책 설계 과정에 참여할 수 있는 통로를 제도화하고, 탄소중립 목표를 강화하는 것은 사회계약 차원의 책무다.

아래 표는 기후정의 실현을 위해 사회계약을 어떻게 재구성해야 하는지를 요약한 것이다.

〈표 3-3〉 기후정의 실현을 위한 사회계약 재구성 방향

구분	핵심 내용
비용 분담 공정성	탄소세 · 에너지세 부과 시 환급 · 기후소득 등 보완 장치 결합
취약계층 보호	주거 · 에너지 · 교통 등 기본서비스의 공공적 보장, 재난 피해자 지원체계 강화
세대 간 정의	탄소중립 목표 강화, 청년 · 미래세대 정책 참여 보장, 기후 부채 감축

출처 : UNFCCC(2020), OECD(2021) 재구성

이 표가 보여주는 것은 기후위기 대응이 단순히 환경정책이 아니라 새로운 사회계약의 핵심 축이라는 점이다. 사회계약이란 시민들이 공동체를 이루며 서로의 권리와 책임을 나누는 약

속인데, 이제 그 범위에 탄소 배출 · 기후위기 · 세대 간 불평등이 포함되어야 한다는 것이다.

기후정의와 사회계약의 재구성은 곧 기본사회의 방향성과 직결된다. 기본사회는 단순한 복지국가의 확장이 아니라, 자산 · 소득 · 서비스에 더해 기후위기 대응과 지속가능성을 핵심 원리로 포함하는 사회적 계약이다. 다음 장에서는 이러한 문제의식을 토대로 기본사회의 철학적 · 역사적 토대를 살펴본다.

제 2 부

기본사회의 철학과 역사

제4장 토머스 페인과 『토지정의』

제5장 현대 경제학자들의 제안 (앳킨슨, 피케티)

제6장 한국 복지국가와 기본사회

제 4 장

토머스 페인과 『토지정의』

18세기 후반에서 19세기 초는 근대 민주주의가 태동하던 시기였다. 미국 독립혁명과 프랑스 혁명은 봉건적 신분 질서와 절대왕정을 뒤엎고, 자유 · 평등 · 인권을 핵심 가치로 내세운 새로운 질서를 수립하려 했다. 이 시기에 가장 대중적으로 영향력 있는 저술가이자 정치사상가였던 인물이 바로 토머스 페인(Thomas Paine, 1737~1809)이다.

페인은 단순한 이론가가 아니었다. 그는 미국 독립전쟁 당시 『상식』을 집필해 식민지 민중에게 독립의 정당성과 필요성을 설득했고, 이는 독립선언서 채택에도 지대한 영향을 미쳤다(Paine, 1776). 이후 프랑스 혁명기에 발표한 『인권』은 구체제(앙시앙 레짐)의 불평등과 특권 구조를 신랄하게 비판하며 혁명의 대중적 지지를 확산시켰다(Paine, 1791). 페인은 글을 무기로 삼아 대중을 각성시키고, 권력의 정당성을 질문하며, 자유와 평등의 가치를 구체적 정치 행위와 연결한 급진적 지식인이었다.

그런 그가 생애 말기에 집필한 저작이 바로 『토지정의』(Paine, 1797)이다. 이 책은 앞선 저술들과 달리 정치적 자유를 넘어 경제적 불평등 문제를 다루었다는 점에서 의미가 깊다. 페인은 단순히 왕정과 귀족의 특권을 비판하는 데 그치지 않고, 근대 사회의 토대가 된 사유재산 제도 자체에 문제를 제기했다. 그는 재산권의 필요성을 인정하면서도, 토지에서 발생하는 불로소득(지대, rent)은 인류 공동의 자산에서 파생된 것이므로 사회 전체가 공유해야 한다고 주장했다.

페인의 주장은 당시 영국 사회의 구조적 모순을 반영한 것이었다. 18세기 말 영국은 산업혁명으로 급격한 경제적 성장과 생산성 향상을 경험하고 있었지만, 동시에 농촌 지역에서는 '인클로저 운동'으로 대표되는 토지의 사유화가 광범위하게 진행되고 있었다. 농민들은 공동으로 사용하던 토지에서 쫓겨나 도시 빈민으로 전락했고, 이는 극심한 빈곤과 사회 불안을 낳았다. 페인은 이러한 현실을 직시하며, 토지의 사유화가 불평등의 근원임을 간파했다.

『토지정의』에서 그는 토지가 본래 인류 공동의 자산이라는 전제를 세웠다. 개인이 토지를 소유할 수는 있지만, 그 토지에서 발생하는 가치 증대분, 즉 지대는 공동체의 몫이라는 것이다. 따라서 그는 토지 소유로부터 발생하는 불로소득의 일정 부분을 사회 기금으로 환수하고, 이를 모든 구성원에게 분배해야 한다고 주장했다. 이 사상은 오늘날 "공유부 배당" 혹은 "기본소득의 철학적 원형"으로 평가된다.

페인은 단순히 추상적 논리를 제시한 것이 아니었다. 그는 토지 상속과 매매 시 일정 비율의 세금을 부과하여 기금을 조성하고, 이 기금을 바탕으로 두 가지 제도를 시행하자고 구체적으로 제안했다. 첫째, 모든 청년이 성인이 되는 21세에 일정 금액(당시 15파운드)을 지급하여 출발선의 공정성을 보장한다. 둘째, 50세 이상 노인에게는 매년 일정 금액(10파운드)의 연금을 지급하여 노후의 존엄을 보장한다. 이는 오늘날 기본자산과 연금형 기본소득 제도의 시초라 할 수 있다.

페인의 제안은 당대의 기준으로 볼 때 급진적이고 위험한 발상이었지만, 단순한 이상론이 아니었다. 그는 구체적 재원 마련 방법을 제시했고, 현실의 불평등을 해결하기 위해 제도적 개입이 필요하다는 점을 강조했다. 이 점에서『토지정의』는 오늘날 불평등 논의와도 직접 연결된다.

페인이『토지정의』에서 제안한 제도의 핵심은 모든 사람에게 최소한의 자산과 노후 보장을 제공하는 사회적 기금이었다. 그는 토지 소유 자체를 부정하지는 않았지만, 토지에서 발생하는 가치 증대분은 결코 개인의 노력만으로 생긴 것이 아니므로, 그 몫은 사회 전체가 공유해야 한다고 주장했다. 다시 말해, 사적 소유는 인정하되 사회적 환원 없이는 정당성을 가질 수 없다는 것이다.

이 기금을 마련하는 방법으로 그는 토지 상속세와 매매세를 구상했다. 당시 영국은 급격한 인클로저 운동으로 인해 귀족과 지주층이 광대한 토지를 소유하게 되었고, 토지로부터 발생하는 지대는 막대한 부를 축적하게 했다. 반면 농민과 노동자들은 토지에서 밀려나 도시 빈민층으로 전락했다. 페인은 이러한 불평등을 바로잡기 위해 토지 소유의 이전 과정(상속 · 매매)에서 일정한 세금을 부과해 사회적 기금으로 조성해야 한다고 보았다. 이 기금은 일종의 공유부 배당 기금으로서 모든 구성원에게 분배된다.

그가 제시한 구체적 지급 방식은 두 가지였다.

첫째, 모든 청년이 성인이 되는 21세에 일시금을 지급한다. 당시 기준으로 15파운드였는데, 이는 당시 노동자의 연간 임금의 절반 이상에 해당하는 큰 금액이었다. 이는 단순한 용돈이 아니라, 사회에 첫발을 내딛는 청년에게 학업 · 창업 · 주거 등에 필요한 자금을 제공함으로써 출발선에서의 불평등을 완화하려는 의도였다.

둘째, 50세 이상의 노인에게는 매년 10파운드를 지급한다. 이는 은퇴 이후 생계를 유지할 최소한의 안전망이자, 노후의 존엄을 보장하는 제도였다. 현대적으로 보면 일종의 공적 연금 제도의 원형이라 할 수 있다.

페인의 제안은 오늘날 기본자산과 기본소득 제도와 직접적으로 연결된다. 아래 표는 『토지정의』의 구상과 현대의 주요 제도들을 비교한 것이다.

〈표 4-1〉 토머스 페인의 『토지정의』와 현대 기본제도의 비교

구분	『토지정의』 (1797)	현대 기본자산 (예 : 청년기본자산)	현대 기본소득
지급 대상	모든 성인 (21세 일시금, 50세 이상 노령연금)	특정 연령대 (청년, 신혼부부, 아동 등)	전 국민
지급 방식	21세: 일시금(15파운드), 50세 이후: 연금(10파운드)	청년기본자산: 목돈 지급, 아동수당 등	매월 정기적 현금 지급
재원 조달	토지 상속 · 매매세 → 사회적 기금 조성	국세 · 지방세, 특별기금, 토지세, 상속세	일반 조세, 탄소세, 공유부 배당, 디지털세
사상적 근거	토지는 인류 공동자산, 지대는 공유부	출발선 공정성 보장, 세습 불평등 완화	실질적 자유와 안정성 보장, 공유부 배당

출처 : Paine(1797), Ackerman & Alstott(1999), OECD(2021) 재구성

이 표는 『토지정의』가 단순히 역사적 텍스트가 아니라 오늘날 기본자산 · 기본소득 논의의 철학적 원형임을 보여준다. 페인이 강조한 토지라는 공유부 개념은 오늘날 탄소세, 데이터세, 디지털 공유부 논의로 이어지고 있으며, 출발선 공정성과 노후 보장의 원칙은 기본사회가 추구하는 핵심 가치로 여전히 유효하다.

또한 페인의 제안은 단순히 빈곤 구제를 넘어서, 불평등 구조를 제도적으로 교정하려는 시도였다. 18세기 영국에서 빈민법

은 주로 교회나 지방 공동체 차원의 구빈제도로 운영되었는데, 이는 시혜적이고 낙인 효과를 동반했다. 반면 페인은 빈곤이 개인의 게으름 때문이 아니라 구조적 불평등에서 비롯된다고 보았고, 따라서 사회 전체가 공동의 기금을 조성해 제도적으로 대응해야 한다고 주장했다. 이러한 관점은 오늘날 사회정책의 기본전제와도 맞닿아 있다.

페인의 『토지정의』는 단순한 역사적 문헌이 아니라 오늘날 불평등과 복지 논의에 여전히 살아 있는 사상적 원천이다. 18세기 말 토지 소유와 지대의 불평등을 문제 삼은 그의 문제의식은, 21세기 자산 불평등과 세습사회 문제와 놀랍도록 유사하다. 당시 인클로저로 농민이 토지에서 쫓겨난 현실은 오늘날 청년 세대가 부동산 가격 급등으로 내 집 마련의 희망을 잃는 상황과 겹쳐 보인다. 자산 불평등이 세습으로 이어지고 출발선에서의 공정성이 무너진다는 점에서, 페인의 제안은 시공을 초월해 우리 사회가 직면한 문제를 다시 비춘다.

현대의 경제학자 앳킨슨이나 피케티가 강조하듯, 불평등은 자연의 법칙이 아니라 제도의 선택의 결과다. 페인 역시 같은 맥락에서, 토지 소유 자체를 문제 삼기보다는 토지로부터 발생하는 불로소득을 공동체에 환원하는 제도를 설계해야 한다고 보았다. 이러한 시각은 오늘날 '공유부 배당'(sovereign wealth dividend), 즉 탄소세 배당, 데이터세 배당, 재생에너지 배당 등으로 재등장하고 있다. 특히 기후위기로 인한 탄소 감축 비용을 어떻게 사회적으로 분담할 것인가 하는 문제는,『토지정의』의 철학과 직접적으로 이어진다. 페인의 공유부 철학은 오늘날 기후정의 논의의 출발점이기도 하다.

또한『토지정의』의 기본자산 개념은 청년 정책으로서의 현실적 의미가 크다. 한국 사회에서 논의되는 청년기본자산 제도는 부모 자산에 따른 출발선 불평등을 완화하고, 모든 청년에게 사회적 투자로서 일정 자금을 보장하려는 취지다. 이는 페인이 제안했던 21세 일시금 지급과 같은 맥락이다. 페인의 제안이 오늘날에도 유효한 것은, 불평등의 대물림을 끊기 위해서는 사회 전체가 공동 기금을 조성해 공정한 출발을 지원해야 한다는 원칙이 여전히 중요하기 때문이다.

기본소득형 노후 연금에 대한 그의 구상 역시 의미가 깊다. 한국 사회는 급속한 고령화와 함께 노인 빈곤율이 OECD 국가 중 가장 높은 수준에 속한다. 페인이 50세 이상 노인에게 매년 연금을 지급해야 한다고 주장한 것은, 노후의 존엄을 보장하는 것이 사회적 연대의 핵심임을 보여준다. 오늘날 기초연금, 국민연금 등 공적 연금 제도가 직면한 위기를 떠올리면, 200여 년 전 페인의 통찰은 여전히 현재적 과제로 다가온다.

아래 표는『토지정의』의 핵심 구상이 현대의 기본사회 구상과 어떻게 연결되는지를 개념적으로 정리한 것이다.

〈표 4-2〉 『토지정의』와 기본사회의 연결

『토지정의』의 구상	현대 기본사회 구상
토지는 인류 공동의 자산	공유부(탄소, 데이터, 토지 등)의 사회적 환원
21세 일시금 지급 (출발선 공정성)	청년기본자산, 아동 · 청년 수당
50세 이후 연금 (노후 보장)	기초연금, 기본소득, 보편적 연금 확대
토지 상속 · 매매세 통한 기금 조성	국토보유세, 탄소세, 부유세 등 재원 확보

출처 : Paine(1797), 기본사회 연구회(2023) 재구성

이 표가 보여주는 것은 『토지정의』가 단순한 과거의 사상이 아니라, 오늘날 기본사회가 직면한 문제와 직접적으로 연결된다는 점이다. 출발선의 불평등 해소, 노후 보장, 공유부 배당, 새로운 재원 조달 방식은 모두 페인이 제시한 원칙에서 출발할 수 있다.

페인의 사상은 오늘날 복지국가의 한계를 넘어서는 데에도 중요한 시사점을 준다. 복지국가는 주로 산업사회의 위험(질병 · 실업 · 노령)에 대응하도록 설계되었지만, 오늘날 우리는 자산 불평등, 세습사회, 기후위기라는 새로운 사회적 위험에 직면해 있다. 『토지정의』가 제시한 공유부 철학과 기초자산 제도는, 바로 이러한 새로운 위험에 대응하기 위한 기본사회의 제도적 기초가 될 수 있다.

따라서 『토지정의』는 단순히 과거의 문헌이 아니라, 새로운 사회계약을 설계하기 위한 철학적 원형이다. 페인이 강조한 공

유부와 기초자산, 연금은 오늘날 기본사회가 추구해야 할 핵심 요소다. 18세기 영국의 토지 불평등 문제를 넘어, 21세기 한국 사회의 자산 불평등과 기후위기 문제를 해결하는 실마리를 제공한다는 점에서, 『토지정의』는 여전히 우리 곁에서 말 걸고 있는 텍스트다.

이 장의 논의는 다음으로 이어지는 현대 경제학자들의 제안으로 연결된다. 앤서니 앳킨슨과 토마 피케티는 방대한 데이터와 분석을 통해 불평등의 구조를 드러내고, 이를 완화하기 위한 기본자산·기본소득·누진적 조세제도의 필요성을 강조한다. 이는 곧 토머스 페인의 사상을 현대적으로 계승하고 확장하는 과정이라 할 수 있다.

제 5 장

현대 경제학자들의 제안

신자유주의 이후 불평등의 심화와 앳킨슨의 문제의식

20세기 후반 이후 세계 경제는 신자유주의의 확산과 세계화, 금융화 심화를 겪었다. 1980년대 이후 미국과 영국을 비롯한 선진국은 규제 완화, 민영화, 감세 정책을 통해 시장의 자유를 확대했지만, 그 결과는 불평등의 구조적 심화였다. 특히 자산과 소득의 격차가 커지면서, 중산층이 붕괴하고, 청년 세대는 부모 세대보다 가난해질 수 있다는 "역세대 이동" 현상이 나타났다.

영국 경제학자 앤서니 B. 앳킨슨(Anthony B. Atkinson, 1944~2017)은 불평등 연구의 선구자로, 오랫동안 복지국가의 재분배 기능과 불평등 완화 정책을 분석해 왔다. 그는 유작에서 불평등이 단순히 시장의 자연적 결과가 아니라 사회적 선택과 제도의 산물임을 강조했다(Atkinson, 2015). 즉, 불평등은 피할 수 없는 숙명이 아니라 정치적 의지와 사회적 합의에 따라 충분히 줄일 수 있다는 것이다.

앳킨슨은 이 책에서 매우 구체적이고 실행 가능한 정책 대안을 제시했다. 그는 소득 이전과 조세 정책, 자산세 강화, 공공서비스 확대, 기술 변화의 사회적 통제, 일자리 보장 등을 통해 불평등을 완화할 수 있다고 주장했다. 특히 주목할 점은 기본자산 제도에 대한 그의 구상이다. 그는 청년이 사회에 진입할 때 일정한 자산을 사회로부터 보장받아야 한다고 보았다. 이는 부모의 자산에 따라 출발선이 갈리는 구조를 완화하고, 누구나 최소한의 경제적 기반을 가지고 출발할 수 있도록 하기 위한 제도적 장치였다.

아래 표는 앳킨슨이 제안한 정책들을 주요 영역별로 정리한 것이다.

〈표 5-1〉 앳킨슨의 불평등 완화 정책 제안

영역	주요 정책 제안
조세정책	누진적 소득세 강화, 자산세 도입, 상속세 확대
소득보장	보편적 아동수당, 최저소득 보장제, 실업부조 강화
자산정책	청년기본자산 지급, 사회적 기금 조성
노동 · 고용	공공 고용 창출, 사회적 임금(social wage) 확대, 기술 변화에 따른 사회적 통제
공공서비스	무상 교육, 보건, 주거 서비스 강화

출처 : Atkinson(2015) 재구성

이 표가 보여주는 것은 앳킨슨이 불평등 문제를 다룰 때 단순히 이론적 비판에 그치지 않고, 정책의 구체적 수단을 제시했다는 점이다. 그는 세금과 복지의 재분배 기능을 강화하는 동시에, 자산 불평등을 완화할 수 있는 기본자산 제도를 병행해야 한다고 보았다. 또한 기술 변화가 불평등을 심화시키지 않도록 사회적 통제를 가해야 하며, 국가가 적극적으로 일자리를 창출하는 공공 고용 보장을 제안했다는 점도 주목할 만하다.

특히 그는 "불평등은 시장의 자연적 결과가 아니라, 정치적 선택의 결과"라는 점을 반복해서 강조했다. 즉, 사회가 불평등을 방치할 것인지, 혹은 제도적 개입으로 교정할 것인지는 사회계약의 문제라는 것이다. 앳킨슨의 제안은 복지국가의 전통을 계승하면서도, 오늘날 기본자산과 기본소득 논의로 이어지는 현대적 사상적 기반을 제공한다.

피케티의 불평등 분석과 정책 제안

프랑스 경제학자 토마 피케티(Thomas Piketty, 1971~)는 21세기 들어 불평등 연구를 대중적 화두로 끌어올린 인물이다. 그는 방대한 역사적 데이터와 실증 분석을 통해 자본주의의 장기적 경향을 규명했으며, 특히 2013년에 출간된 『21세기 자본』은 전 세계적으로 큰 반향을 불러일으켰다.

피케티의 핵심 주장은 "자본수익률(r)이 경제성장률(g)을 장기적으로 초과하면, 부의 집중은 필연적으로 심화된다"는 r 〉 g

공식으로 요약된다(Piketty, 2013). 즉, 노동을 통한 소득보다 자본을 통한 소득이 훨씬 빠르게 증가하기 때문에, 자산을 보유한 사람은 점점 더 부유해지고, 자산이 없는 사람은 점점 더 뒤처지게 된다. 이러한 경향은 19세기 산업혁명기부터 21세기 세계화·금융화 시대까지 일관되게 나타났으며, 복지국가와 전쟁 같은 특수한 사건들이 불평등을 일시적으로 완화했을 뿐, 장기적 추세는 다시 불평등 확대라는 것이다.

그는 또한 『자본과 이데올로기』(2019)에서 불평등은 단순한 경제 현상이 아니라 사회가 정당화하는 이데올로기와 결부되어 있다고 분석했다(Piketty, 2019). 봉건제 사회의 신분제, 식민지 시대의 인종적 위계, 현대 자본주의 사회의 '능력주의' 담론 모두 불평등을 정당화하는 장치로 작동해 왔다. 따라서 불평등의 완화는 단순한 경제 개혁이 아니라 사회적 가치와 규범을 바꾸는 정치적·문화적 프로젝트이기도 하다.

피케티가 제안한 정책은 다음과 같다. 첫째, 누진적 소득세와 자산세의 강화를 통해 상위 1%의 과도한 자산 집중을 억제한다. 그는 특히 글로벌 차원의 누진적 자산세(global progressive wealth tax)를 도입해야 한다고 주장했다. 둘째, 청년에게 일정한 자산을 보장하는 '기본자산(inheritance for all)' 제도를 제시했다. 모든 청년이 성인이 되면 일정한 규모의 자산을 사회로부터 상속받도록 하여, 부모의 부와 무관하게 공정한 출발선을 보장하자는 것이다. 셋째, 교육·보건·주거 등 공공서비스의 보편적 확대를 통해 실질적 기회를 균등하게 보장해야 한다고 강조했다.

아래 표는 피케티가 제시한 불평등의 구조적 경향과 정책 제안의 핵심을 정리한 것이다.

〈표 5-2〉 피케티의 불평등 분석과 정책 제안

분석 내용	주요 발견	정책 제안
r 〉g 공식	자본수익률(r)이 경제성장률(g)보다 높으면 불평등 심화	누진적 소득세, 자산세 강화
역사적 추세	전쟁 · 복지국가 시기에 불평등 완화, 그러나 1980년대 이후 금융화로 불평등 확대	글로벌 자산세, 초고소득층 고율 세율
불평등의 정당화	불평등은 사회적 이데올로기에 의해 정당화됨	능력주의 · 시장만능주의 비판, 평등 가치 강화
기회 불평등 문제	부모 자산에 따른 세습사회화, 청년의 기회 박탈	청년기본자산(inheritance for all), 교육 · 보건 · 주거 공공성 강화

출처 : Piketty(2013, 2019) 재구성

이 표가 보여주듯, 피케티의 분석은 단순히 불평등의 심각성을 지적하는 데 그치지 않고, 구체적이고 급진적인 정책 대안을 제시한다. 그는 국가 단위의 정책만으로는 자본 이동이 자유로운 글로벌 경제에서 불평등을 해소하기 어렵다고 보고, 국제적 협력을 통한 글로벌 자산세 도입을 강력히 주장했다. 또한 청년기본자산 제안은 단순한 복지 혜택을 넘어, 사회 전체가 공동으로 마련한 자산을 모든 청년에게 공평하게 분배함으로써 세습사회의 고리를 끊으려는 시도다.

피케티의 주장은 한국 사회에도 중요한 시사점을 던진다. 한국은 OECD 국가 중 자산 불평등이 매우 심한 편에 속하며, 부모 자산이 자녀 세대의 교육 · 주거 · 결혼에 결정적인 영향을 미친다. 이는 곧 한국 사회가 '세습사회'로 고착될 위험이 크다는 것을 의미한다. 따라서 청년에게 기초자산을 제공하고, 상위 자산가와 대기업에 대한 누진적 조세를 강화하는 것은 불평등 해소의 핵심 수단이 될 수 있다.

앳킨슨과 피케티 제안의 비교와 한국 사회의 시사점

앞서 살펴본 앳킨슨과 피케티는 모두 불평등을 시장의 자연적 산물이 아니라 제도적 · 정치적 선택의 결과로 보았다. 따라서 사회는 얼마든지 다른 선택을 통해 불평등을 완화할 수 있다는 점에서 두 학자는 공통점을 지닌다. 그러나 구체적 정책 접근에는 차이가 있다. 앳킨슨은 영국 복지국가의 경험을 바탕으로 세밀하고 실행 가능한 정책 패키지를 제안했고, 피케티는 장기 역사 데이터를 기반으로 불평등의 구조적 경향을 규명하며 국제적 협력을 통한 급진적 조세 개혁을 강조했다.

아래 표는 두 학자의 대표적 제안을 비교 정리한 것이다.

〈표 5-3〉 앳킨슨과 피케티의 불평등 완화 제안 비교

구분	앳킨슨의 제안	피케티의 제안
기본자산	청년에게 일시적 기본자산 지급 → 출발선 불평등 완화	청년에게 일정 규모의 기본자산 보장 ('inheritance for all')
조세정책	누진적 소득세 강화, 자산세 도입, 사회보험 기여 확대	글로벌 누진적 자산세, 초고소득층 · 초대기업에 대한 고율 세율 적용
공공서비스	아동수당, 무상 교육 · 보건, 공공 고용 확대	교육 · 보건 · 주거 등 보편적 서비스 확대
노동 · 고용	기술 변화의 사회적 통제, 일자리 보장, 사회적 임금(social wage) 확대	노동소득 보장, 노동자 참여 강화, 자본에 대한 민주적 통제
철학적 기반	불평등은 제도적 선택의 결과, 사회적 합의로 변화 가능	자본주의의 불평등 경향(r 〉 g)을 제도 개혁과 국제 협력으로 교정해야 함

출처 : Atkinson(2015), Piketty(2013, 2019) 재구성

이 표가 보여주는 것은 두 학자의 제안이 상호 보완적일 수 있다는 점이다. 앳킨슨의 구체적 정책 패키지는 국가 차원에서 당장 실행할 수 있는 현실적 방안을 제공하고, 피케티의 급진적 조세 개혁과 글로벌 자산세 제안은 장기적으로 불평등의 구조적 추세를 교정하는 근본적 수단을 제시한다.

이 두 접근을 한국 사회에 적용하면 더욱 의미가 크다. 한국은 소득 불평등보다는 자산 불평등이 심각한 사회다. 상위 10%

가구가 전체 자산의 절반 이상을 보유하고, 부모의 자산 유무가 자녀의 교육 · 주거 · 결혼을 결정짓는 현실은 사실상 세습사회의 고착화를 의미한다. 따라서 앳킨슨이 제안한 청년기본자산 지급은 출발선의 불평등을 완화하는 핵심 정책이 될 수 있다. 동시에 피케티의 제안처럼 부유세, 상속세, 토지세 등 자산과세를 강화하고, 탄소세 · 데이터세와 같은 새로운 공유부 배당 재원을 활용하는 것은 불평등 완화와 지속가능성을 동시에 달성할 수 있는 길이다.

더 나아가 두 학자의 사상은 기본사회 구상과도 긴밀히 연결된다. 기본사회는 기본자산 · 기본소득 · 기본서비스라는 세 기둥 위에 서 있으며, 이는 곧 앳킨슨의 구체적 정책과 피케티의 철학적 분석이 만나는 지점이다. 출발선의 공정성을 위한 청년기본자산, 생애 안정성을 위한 기본소득, 보편적 권리로서의 기본서비스는 모두 두 학자의 문제의식 속에 담겨 있다.

결국 앳킨슨과 피케티의 제안은 단순히 경제학적 논의를 넘어, 새로운 사회계약의 철학적 · 제도적 기반을 제공한다. 불평등은 피할 수 없는 운명이 아니라, 우리가 어떤 사회를 선택하고 어떤 제도를 설계하느냐에 따라 달라지는 문제다. 앳킨슨이 강조한 "불평등은 정치적 선택의 결과"라는 말은 곧 기본사회로 향하는 길에서 우리가 새롭게 맺어야 할 사회계약의 본질을 일깨운다.

제 6 장

한국 복지국가와 기본사회

한국 복지국가는 서구 복지국가와는 다른 경로를 걸어왔다. 서유럽의 복지국가는 제2차 세계대전 이후 전후 합의와 사회적 권리 확대 속에서 보편적 사회보장 체계를 확립했다. 반면 한국은 분단과 군사정권, 급격한 산업화라는 특수한 맥락 속에서 복지를 주변적 영역으로만 다루었다. 경제개발과 국가안보가 최우선 과제였던 1960~80년대 복지는 체제 정당성을 보완하거나 사회적 불만을 흡수하는 장치에 머물렀고, 국민 개개인의 권리로 자리매김하지 못했다.

1977년 의료보험 도입과 1988년 국민연금 제정은 제도적 복지의 출발점으로 흔히 언급되지만, 당시 적용 대상은 대규모 사업장의 근로자 등 일부 집단에 국한되었다. 농민 · 자영업자 · 비정규직은 배제되었고, 보편성은 결여되었다. 제도는 국민의 권리라기보다 노동 통제와 정권 안정을 위한 관리 수단에 가까웠다.

1987년 민주화 이후 복지 요구는 점차 확대되었지만, 본격적인 전환점은 1997년 IMF 외환위기였다. 외환위기는 대량 실업과 빈곤을 초래하며 기존 성장 중심 패러다임의 한계를 드러냈다. 1999년 제정된 국민기초생활보장법은 최저생활 보장을 국가의 법적 의무로 규정하여 복지를 권리로 전환하는 계기가 되었고, 이후 건강보험의 전국 통합, 고용보험과 산재보험의 확대가 이어지며 오늘날의 4대 사회보험 체계가 갖추어졌다. 그러나 이러한 진전에도 불구하고 한국 복지국가는 여전히 미완성 단계에 머물러 있다. 복지지출은 빠르게 늘었지만 OECD 평균에 비하면 절반 수준에 불과하다(OECD, 2022).

아래 표는 한국과 OECD 주요국의 복지지출 비중을 보여준다.

〈표 6-1〉 한국과 OECD 주요국의 복지지출 비중 비교 (GDP 대비, %)

국가	1990년	2000년	2010년	2020년
한국	3.7	5.6	9.3	12.2
OECD 평균	16.5	18.9	20.5	21.0
스웨덴	27.0	28.5	26.3	25.5
미국	13.5	15.0	18.5	19.0

출처 : OECD Social Expenditure Database (2022)

이 표가 보여주듯, 한국은 1990년대 이후 복지지출을 세 배 이상 늘리며 가장 빠르게 확장한 국가 중 하나다. 그러나 절대 수준은 여전히 OECD 평균의 절반에 불과하다. 북유럽 복지국가와 비교하면 격차는 더욱 뚜렷하다. 스웨덴은 1990년대 이미 GDP의 27% 이상을 복지에 지출했고, 오늘날에도 25% 수준을 유지한다. 한국은 빠른 속도로 확장했지만, 여전히 '저부담–저복지' 체제를 벗어나지 못했다.

한국 복지국가의 한계는 노동시장 기반 사회보험 구조에서 더욱 두드러진다. 사회보험은 안정적 임금노동을 전제로 설계되었기 때문에, 고용이 불안정하거나 비정형적일 경우 보호에서 배제된다. 통계청(2022)에 따르면 전체 취업자의 약 35%가 4대 보험에 가입하지 못했다. 정규직은 대체로 사회보험에 가입되어 있으나, 비정규직·자영업자·플랫폼 노동자는 사각지대에 놓였다(통계청, 2022). 배달, 대리운전, 프리랜서 등 플랫폼 노동자는 소득이 있음에도 법적으로 근로자로 인정받지 못해 사회보험 혜택을 누리지 못하는 경우가 많다.

아래 표는 고용형태별 사회보험 가입률을 보여준다.

〈표 6-2〉 한국 노동자의 4대 보험 가입률 (2022, %)

고용형태	건강보험	국민연금	고용보험	산재보험
정규직	95.1	92.3	91.4	90.2
비정규직	62.4	59.7	55.2	53.5
자영업자	52.8	48.3	–	–
플랫폼 노동자*	35.6	28.9	22.7	21.1

* 플랫폼 노동자 수치는 추정치.

출처 : 통계청 「경제활동인구조사」 부가자료 (2022)

이 표에서 보듯, 정규직은 90% 이상 가입되어 있으나, 비정규직은 60%대, 플랫폼 노동자는 20~30%대에 불과하다. 이는 한국 복지국가가 노동시장 이중 구조를 그대로 반영하며 불평등을 강화하는 결과를 낳고 있음을 보여준다.

공공부조 역시 제약이 크다. 1999년 국민기초생활보장법 제정으로 법적 권리가 보장되었지만, 운영 과정에서는 부양의무자 기준과 재산 기준이 여전히 장애물로 작동한다. 2020년 기준 약 90만 명이 부양의무자 기준 때문에 수급에서 배제되었다. 본인은 소득이 없어도 부모나 자녀의 소득이 일정 수준 이상이면 지원을 받지 못하는 경우가 많다. 또한 부동산이나 자동차 등 일정 수준의 재산이 있으면 소득이 없어도 탈락한다.

아래 표는 공공부조 사각지대의 규모를 보여준다.

〈표 6-3〉 한국 공공부조 사각지대 규모 (2019, 만 명)

구분	인원(만 명)
부양의무자 기준 배제	89
재산 기준 배제	53
기타 사유 배제	27
합계	약 170

출처 : 한국보건사회연구원(2019)

이 표는 약 170만 명이 공공부조 제도의 밖에 머물고 있음을 보여준다. 이는 제도가 여전히 시혜적·선별적 성격을 완전히 벗어나지 못했음을 의미한다.

한국 복지국가는 또한 재정적 측면에서 저부담-저복지 구조에 묶여 있다. 2019년 한국의 조세부담률은 GDP 대비 27%로 OECD 평균 34%보다 낮았고, 사회보험료율도 평균의 60% 수준에 그쳤다(OECD, 2021). 이러한 구조 속에서는 복지 확대가 쉽지 않다. 증세 없는 복지 담론이 지배하면서 정치적 합의가 형성되지 못한 것도 문제다.

아래 표는 한국과 주요국의 조세부담률을 비교한 것이다.

〈표 6-4〉 한국과 OECD 주요국의 조세부담률 비교 (GDP 대비, %)

국가	조세부담률(%)
한국	27.0
OECD 평균	34.0
스웨덴	44.0
미국	25.5

출처 : OECD Revenue Statistics (2021)

이 표에서 확인되듯, 한국은 미국보다는 높지만 유럽 복지국가와는 큰 격차가 있다. 저부담 구조 속에서 복지 확대는 재정적 제약에 부딪힌다.

여기에 더해 한국 사회의 가장 큰 문제는 자산 불평등이다. 2021년 기준 상위 10% 가구가 전체 자산의 60% 이상을 보유하는 반면, 하위 50% 가구의 자산 비중은 2%에 불과하다(한국은행, 2021). 이러한 자산 격차는 세대 간 이동성을 차단하고, 부모 자산의 유무에 따라 삶의 기회가 갈리는 세습사회를 고착화한다.

아래 표는 자산 상위 10%가 전체 자산의 절반 이상을 소유하고 있음을 보여준다.

〈표 6-5〉 한국의 자산 분포 (2021년, %)

구분	상위 10%	상위 30%	하위 50%
자산 비중	60.2	88.7	2.1

출처 : 한국은행 「가계금융복지조사」(2021)

이 표가 의미하는 것은 소득 보장만으로는 불평등의 악순환을 끊을 수 없다는 사실이다.

여기에 한국 복지국가의 대중적 기반을 형성하는 중요한 요인이 있다. 복지 지지 여부는 단순히 소득이 아니라 자산 보유 여부에 따라 달라진다. 소득이 높더라도 자산이 부족한 집단은 사회보험 확대를 지지한다. 반면 자산이 풍부한 집단은 복지 축소를 선호한다(이철승 외, 2018).

이 표는 복지 지지가 단순한 소득 수준이 아니라 자산 보유 여부에 따라 달라진다는 사실을 보여준다.

〈표 6-6〉 소득 · 자산 상호작용에 따른 복지 선호

구분	저자산층	고자산층
저소득층	복지 확대 강하게 지지	선별적 복지 선호, 재분배 반대 경향
고소득층	사회보험 욕구 높음, 보편복지 지지	복지 축소 지향, 사적 자산에 의존

출처 : 이철승 외(2018)

이 표는 한국 복지국가의 지지 기반이 서구와 달리 계급보다 자산 보유 여부에 의해 형성된다는 점을 보여준다.

결국 한국 복지국가의 사회경제적 기초는 자산 불평등을 어떻게 교정할 것인가에 달려 있다. 소득 보장만으로는 불평등의 대물림을 차단할 수 없다. 청년에게 기본자산을 지급하고, 자산세·상속세·토지보유세를 강화해 공유부를 환수·재분배해야 한다. 동시에 비정규직과 플랫폼 노동자를 포괄하는 보편적 사회보험 체계로 전환해야 한다.

이러한 개혁은 단순히 복지국가를 강화하는 차원이 아니라 기본사회로의 전환을 의미한다. 기본사회는 기본자산·기본소득·기본서비스라는 세 기둥을 통해 출발선의 공정성, 생애 전반의 안정성, 존엄 기반의 생활을 보장한다. 한국 복지국가의 미완성과 자산 불평등 구조는 기본사회 구상의 필요성을 절실히 보여준다.

제 3 부

기본사회의 세 기둥

제 7 장

기본자산 : 출발선의 평등

출발선 불평등의 심화

한국 사회는 자산 격차가 사회 불평등을 규정하는 가장 중요한 요인이 되었다. 주택과 금융자산의 집중은 단순한 경제적 차이를 넘어, 청년 세대의 주거 · 교육 · 결혼 · 취업과 같은 삶의 선택 전반에 결정적인 영향을 미친다. 통계청과 한국은행 자료에 따르면, 상위 10%가 전체 자산의 절반 이상을 보유하고, 하위 50%는 2% 미만에 머무른다(통계청 · 한국은행, 2021).

이러한 불평등은 개인의 노력과 무관하게 부모의 자산이 자녀의 기회를 좌우하는 구조를 고착화시킨다. 이른바 세습 자본주의의 심화는 세대 간 이동성을 약화시키고, 청년 세대의 좌절감을 확대시킨다. 기존 사회보험과 공공부조는 '위험 이후의 보전'에 집중해 왔지만, 이제는 출발선에서의 불평등을 보정하는 사전적 기회 보장 장치가 필요하다는 목소리가 커졌다. 이런 문제의식 속에서 주목받는 제도가 바로 기본자산이다.

현대적 기본자산 제안

기본자산은 18세기 토머스 페인의 『토지정의』에서 그 사상적 뿌리를 찾을 수 있지만, 오늘날 논의의 중심은 구체적이고 현실적인 정책 설계안들이다(Paine, 1797). 미국, 영국, 프랑스의 경제학자들은 20세기 후반부터 청년들에게 일정한 자본을 지급해야 한다는 구상을 본격화하였다(Ackerman & Alstott, 1999 ; Le Grand, 2006 ; Atkinson, 2015 ; Piketty, 2020).

아래 표는 현대 학자들의 기본자산 제안을 비교한 것이다.

〈표 7-1〉 현대 학자들의 기본자산 제안 비교

제안자	지급 연령	금액	조건/용처	특징
액커만 · 앨스토트 (1999)	21세	8만 달러 (2만×4년)	고교 졸업, 무범죄	사용 자유, 대규모 일시금
르 그랑 (2006)	18세	1만 파운드	교육 · 주거 · 창업, 신탁 승인	사회투자 성격 강조
앳킨슨 (2015)	18세 이후	구체적 금액 없음	제한 없음	상속세 강화, 세대 간 불평등 완화
피케티 (2020)	25세	평균 자산의 60% (약 12만 유로)	제한 없음	누진적 재산세로 재원 마련

출처 : Ackerman & Alstott(1999), Le Grand(2006), Atkinson(2015), Piketty(2020), 서정희(2021) 재구성.

액커만 · 앨스토트의 '사회적 지분급여'는 사용의 자유를 보장하면서도 자격 요건을 부과해 공적 책임성을 확보하려 했다(Ackerman & Alstott, 1999). 르 그랑은 교육 · 주거 · 창업 등 사회투자 목적에 자금을 제한하여 자산이 단순 소비로 소진되는 것을 방지하고자 했다(Le Grand, 2006). 반면 앳킨슨은 금액을 구체적으로 제시하지 않았지만, 세대 간 불평등 해소를 강조하며 상속세 개혁을 결합했다(Atkinson, 2015). 피케티는 가장 급진적인 구상을 통해 25세 청년에게 평균 자산의 절반 이상을 보편적으로 지급하자고 주장했다(Piketty, 2020). 이는 단순한 현금 지원이 아니라 세대 간 자산 구조를 재편하려는 체계적 시도다.

기본자산 제도의 특징과 원리

기본자산은 기본소득이나 기본서비스와는 구별되는 독자적 성격을 갖는다. 기본소득이 전 국민을 대상으로 정기적으로 지급되는 현금 급여라면, 기본자산은 특정 연령대—대체로 사회에 첫발을 내딛는 청년—를 대상으로 일시금 형태로 제공된다(Ackerman & Alstott, 1999 ; Atkinson, 2015). 또 기본소득은 원칙적으로 무조건적이지만, 기본자산은 교육 · 주거 · 창업과 같은 용처를 지정하거나 일정한 조건을 부과하는 경우가 많다(Le Grand, 2006).

이러한 차이는 제도의 작동 원리를 규정한다. 기본소득은 생애 전반에 걸쳐 안정적 생활을 가능하게 하는 '안정성'의 장치이고, 기본서비스는 의료 · 교육 · 주거와 같은 집단적 필요를 공동체가 책임지는 '권리 보장'의 장치라면, 기본자산은 사회 진입기에 필요한 초기 자본을 제공함으로써 '출발선의 평등'을 구현하는 장치다.

따라서 세 제도는 상호 대체적이라기보다 상호 보완적이다. 기본자산이 없다면 청년 세대는 부모 자산에 크게 의존하게 되고, 계층 이동 사다리는 사실상 끊어진다. 반대로 기본소득이 없다면 생애 주기 전반에 걸친 안정성이 보장되지 않고, 기본서비스가 없다면 개인이 감당하기 어려운 집단적 필요가 방치될 수밖에 없다. 이 세 축이 함께 작동할 때만이, 한국 사회가 지향하는 새로운 사회계약 — 출발선의 평등, 삶의 안정, 사회적 연대 —가 균형 있게 달성될 수 있다(서정희, 2021).

현대적 기본자산 제안의 전개

현대의 기본자산 논의는 여러 학자들의 구체적인 정책 설계를 통해 발전해 왔다. 미국의 브루스 액커만과 앤 앨스토트는 1999년 『Stakeholder Society』에서 '사회적 지분급여'를 제안했다(Ackerman & Alstott, 1999). 그들은 모든 청년이 성년이 되는 21세 시점에 정부로부터 8만 달러를 지급받아야 한다고 주장했다. 다만 이 급여는 고등학교를 졸업했을 것과 범죄 경력이 없을 것이라는 조건이 붙었고, 2만 달러씩 4년에 걸쳐 분할 지급되는 구조였다. 이 모델은 대규모의 일시금이지만 일정한 조건을 부여함으로써 공적 책임성과 자기 관리의 필요성을 강조한 것이 특징이다.

영국의 줄리언 르 그랑은 보다 사회투자적 성격을 강화했다. 그는 18세 청년에게 1만 파운드를 지급하되, 교육 · 주거 · 창업 등 특정 목적에만 사용할 수 있도록 신탁 관리자의 승인을 거치게 했다(Le Grand, 2006). 단순한 소비성 지출을 막고, 사회적 자본 형성에 자금을 집중하려는 의도였다.

이에 비해 앤서니 앳킨슨은 구체적인 금액을 제시하지 않았지만, 세대 간 불평등을 완화하기 위해 상속세 개혁을 결합해야 한다고 강조했다(Atkinson, 2015). 그는 기본자산이 특정 목적에만 쓰여야 한다는 제한을 두지 않았으며, 누구나 자유롭게 사용할 수 있는 보편적 성격을 중시했다.

토마 피케티는 한층 더 급진적인 제안을 내놓았다. 그는 모든 25세 청년에게 평균 자산의 60%에 해당하는 거액의 기본자산을 보편적으로 지급해야 한다고 주장했다(Piketty, 2020). 재원은 누진적 재산세를 통해 마련하자는 구상이었다. 이는 단순히 청년 세대의 기회 보장 차원을 넘어, 자본주의 체제에서 자산의 세습적 집중을 완화하고 부의 순환을 제도적으로 강제하려는 시도였다.

이처럼 현대의 다양한 제안들은 지급 시점, 금액, 조건성 여부에서 차이를 보이지만, 모두가 공통적으로 지향하는 목표는 사회 진입기의 출발선 평등 보장에 있다.

한국 사회와 청년기본자산 논의

한국에서도 기본자산 논의는 청년 세대를 중심으로 본격화되었다. 정의당은 2017년 대선에서 '청년사회상속제'를 공약으로 제안하면서 논의를 열었다. 이 제도는 19세 청년에게 1천만 원의 자산을 지급하자는 구상이었다. 이후 2020년 총선에서는 이를 확대해, 모든 20세 청년에게 3천만 원을 지급하되, 아동양육시설 퇴소 청년에게는 5천만 원을 보장하는 '청년기초자산제'를 1호 공약으로 내세웠다. 이는 부모 자산 유무에 따른 격차를 완화하고, 부모 지원이 전혀 없는 청년에게는 더 큰 지원을 제공해 실질적 평등을 추구하려는 목적이었다(서정희, 2021).

민주당 김두관 의원은 접근 방식을 달리했다. 그는 출생 단계에서 모든 신생아에게 2천만 원을 지급하자는 법안을 준비했다. 이 자산은 아동이 성장해 만 18세가 된 이후 자유롭게 사용할 수 있도록 설계되었다. 즉, 출발선 보정을 '성년 진입 시점'이 아니라 '출생 순간'부터 제도화하자는 발상이었다.

한편 민주당 이용우, 임광현, 강선우 의원 등은 각각 계좌형 기본자산 제도를 구상했고 이재명 대통령도 대선 공약으로 제안했다. 출생한 모든 아동에게 계좌를 개설하고, 매월 20만 정도씩 적립해(정부와 부모 매칭 가능) 18세 이후 교육, 주거, 창업 등 특정 용도로 인출할 수 있게 하자는 방안이다. 이 모델은 정부의 일시적 재정 부담을 줄이고, 장기간에 걸친 자산 형성을 가능케 한다는 장점이 있지만, 오랜 기간 적립을 기다려야 하는 만큼 청년이 체감할 즉각적 효과는 다소 약하다는 한계도 있다.

세 가지 제안은 서로 다른 방식이지만, 모두 부모 자산 유무에 따른 불공정 구조를 완화하려는 공통 목표를 가지고 있다. 정의당은 사회 진입 시점의 일시금 지급을 통해 직접적 효과를 노렸고, 김두관 의원은 출생 시점의 보편 지급으로 '세대 보편성'을 강조했으며, 민주당의 안은 계좌형 모델로 재정의 지속가능성을 고려했다. 결국 한국형 기본자산 제도는 청년 세대의 실제 욕구 — 주거, 교육, 창업 —를 반영하는 동시에, 안정적인 재원 조달 방식을 어떻게 마련할 것인가라는 과제를 안고 있다 (서정희, 2021).

자산 불평등 현실과 청년 세대의 좌절

한국 사회의 불평등은 소득보다 자산에서 훨씬 더 뚜렷하게 드러난다. 특히 청년 세대에게 자산의 유무는 단순한 부의 차이를 넘어, 삶의 기회 구조 전체를 결정하는 핵심 요인으로 작동한다. 부모가 보유한 자산이 있는 경우, 청년은 주거와 결혼, 취업 과정에서 상대적으로 안정된 출발을 할 수 있지만, 그렇지 못한 경우는 과도한 부채를 감당해야 한다. 이러한 양극화는 청년 세대 내부에서도 뚜렷한 격차를 낳으며, 사회적 좌절감과 불공정 인식을 강화시킨다.

예를 들어 주거 문제를 보자. 수도권 아파트 가격은 지난 20년간 급등했고, 청년이 스스로 마련하기 어려운 수준에 이르렀다. 한국부동산원 자료에 따르면 서울의 아파트 평균 매매가격은 2000년대 초반 2억 원 수준에서 2021년에는 12억 원을 넘었다. 이는 청년 세대의 소득 증가율을 훨씬 상회한다. 부모로부터 전세자금이나 주택 구입 지원을 받을 수 있는 청년은 빠르게 주거 안정을 이루고, 이후 자산을 축적할 수 있다. 반면 부모 지원이 없는 청년은 월세 혹은 전세 대출에 의존해야 하고, 소득의 상당 부분을 주거비로 지출하면서 자산 형성이 지연된다(통계청, 2022 ; 통계청 · 한국은행, 2021).

이 그래프는 부모의 자산 보유 여부가 청년 세대의 주거 안정성과 자산 형성에 얼마나 큰 차이를 만드는지를 보여준다.

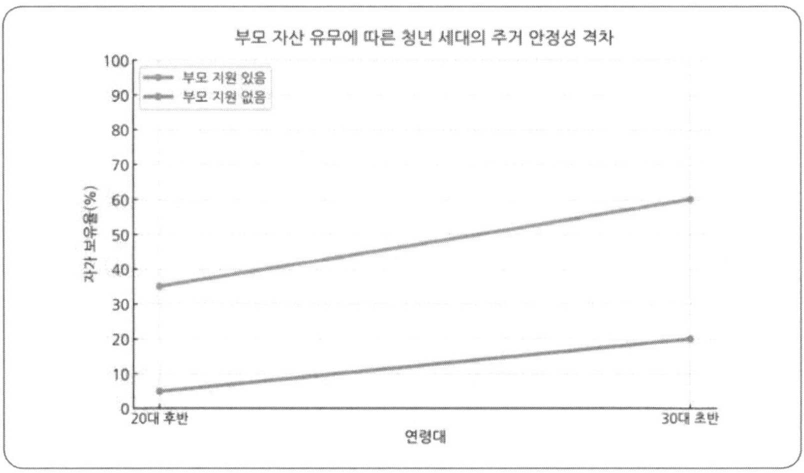

[그림 7-1] 부모 자산 유무에 따른 청년 세대의 주거 안정성 격차

출처 : 통계청 「주거실태조사」(2022) 및 연구자 재구성.

이 그래프는 부모 자산 유무가 청년 세대의 주거 안정성에 얼마나 큰 영향을 미치는지를 보여준다. 단순한 '소득 노력'의 차이가 아니라, **부모 자산이 곧 자녀의 주거 기회**를 결정하는 구조임을 명확히 드러낸다. 따라서 주거를 포함한 자산 형성의 출발선 격차를 완화하지 않고는 청년 세대의 이동성을 회복하기 어렵다.

또한 교육 기회에서도 자산 격차는 영향을 미친다. 부모 자산이 충분한 가구의 청년은 사교육, 해외 유학, 대학원 진학 등의 기회를 쉽게 누리지만, 그렇지 못한 경우는 학자금 대출에 의존해야 한다. 한국장학재단 자료에 따르면 학자금 대출 잔액은 2022년 기준 약 14조 원에 이르며, 대출을 받은 졸업생의 상당수는 졸업 후에도 수년간 빚을 갚아야 한다(한국장학재단, 2022). 이 역시 청년 세대의 자산 형성을 지연시키는 요인이다.

아래 표는 부모 자산 유무가 주거, 교육, 결혼, 취업 등 인생의 주요 단계마다 어떤 차이를 만드는지를 보여준다.

〈표 7-2〉 청년 세대의 자산 형성 격차 요인

구분	부모 자산 지원 有	부모 자산 지원 無
주거	전세금 · 주택 구입 지원 → 빠른 자산 축적	월세 · 대출 의존 → 자산 축적 지연
교육	사교육 · 유학 · 대학원 진학 용이	학자금 대출 부담, 기회 제한
결혼	초기 자본 지원 → 빠른 결혼 · 출산 가능	결혼 지연 · 출산 기피 심화
취업	안정적 거주 · 학력으로 취업 기회 확대	불안정 주거 · 빚 부담 → 취업 지연

출처 : 통계청 「주거실태조사」, 한국장학재단(2022), 연구자 정리.

표에서 보듯, 부모 자산 지원 여부는 청년의 주거 · 교육 · 결혼 · 취업의 모든 단계에서 기회의 차이를 만들어 낸다. 특히 한국과 같이 주거 비용이 급격히 상승한 사회에서는 주거 안정 여부가 다른 모든 기회에 연쇄적으로 영향을 미친다. 부모 지원을 받은 청년은 안정적 거주지를 확보하고, 이는 교육과 취업 경쟁력으로 이어진다. 반대로 지원이 없는 청년은 대출 부담과 주거 불안 속에서 기회의 격차를 겪으며, 이는 곧 세대 간 불평등의 재생산으로 연결된다.

정책적 효과와 한계

기본자산 제도가 갖는 가장 중요한 효과는 청년 세대에게 사회 진입기에 필요한 자본을 제공한다는 점이다. 주거 마련을 위한 전세금, 학자금 상환, 창업 초기 자금 등은 모두 청년의 삶에서 결정적 전환점으로 작동하는데, 기본자산은 바로 이 순간에 공적 지원을 제공함으로써 부모 자산 유무에 따른 격차를 완화한다(Atkinson, 2015 ; 서정희, 2021). 이 제도는 청년의 출발선 평등을 강화하고, 능력주의가 실제로 작동할 수 있는 최소한의 조건을 제공한다.

그러나 기본자산이 모든 문제를 해결해 주는 만능 처방은 아니다. 첫째, 기본자산은 '한 시점'에 일시금으로 지급되기 때문에, 생애 전반의 안정성을 보장하지는 못한다. 초기 자금이 소진된 이후, 특히 불안정한 노동시장에 직면한 청년들에게는 다시 생활 불안정이 찾아올 수 있다. 둘째, 자산이 지급되는 시점과 사용 목적에 따라 효과가 달라진다. 예를 들어 주거 비용 상승이 심각한 시기에는 주거 목적으로 집중적으로 사용될 가능성이 크며, 반대로 취업 불안이 심한 시기에는 교육이나 직업훈련에 더 많이 쓰일 수 있다. 따라서 기본자산 단독으로는 한계가 있으며, 기본소득 · 기본서비스와 결합되어야 지속가능한 효과를 낼 수 있다(Atkinson, 2015 ; 서정희, 2021).

국제적 경험도 이러한 점을 잘 보여준다. 영국의 아동신탁기금(Child Trust Fund)은 모든 아동에게 출생 시 계좌를 개설해 일정 금액을 지급하는 제도였지만, 부모의 추가 적립 여부와 가계 재정 상황에 따라 계좌 잔액의 격차가 크게 벌어졌다. 미국과 캐나다에서 시행된 개인발달계좌(Individual Development Account) 역시 정부의 매칭 지원에도 불구하고 중산층 이상의 가구가 상대적으로 더 많이 참여해, 계좌 관리의 방식과 부모 기여 여부가 제도의 성과를 결정짓는 요인으로 작용했다(UK Treasury, 2010 ; Sherraden, 2013 ; OECD, 2019).

한국에서 기본자산 제도를 설계할 때는 이러한 교훈을 반드시 고려해야 한다. 무엇보다 재원 조달의 안정성이 핵심이다. 재정이 불안정하다면 일시적 시범사업에 그칠 가능성이 높다. 또한 청년층의 실제 욕구—즉 주거, 교육, 창업—를 정확히 반영하지 못한다면, 지급된 자산이 단순한 소비성 지출로 소진

될 위험도 크다.

아래 표는 영국, 미국, 캐나다의 기본자산형 제도 성과를 비교하며, 제도 설계에 따라 불평등이 재생산될 수 있음을 보여준다.

〈표 7-3〉 국제적 기본자산 · 발달계좌 제도의 성과와 한계

국가/제도	설계 방식	주요 성과	주요 한계
영국 아동신탁기금	출생 시 계좌 개설, 정부 초기 지원	아동 자산 형성 기반 마련	부모의 추가 적립 여부에 따라 격차 확대
미국 IDA	저소득층 저축 매칭	저소득층 자산 형성 지원	참여율 저조, 행정비용 과다
캐나다 RESP	교육 목적 저축, 정부 보조금 지급	대학 진학률 제고	고소득층 참여 집중

출처 : 영국 재무성(2010), Sherraden(2013), OECD Social Policy Report(2019) 재구성

이 표는 국제적 사례들이 모두 "출발선 평등"이라는 명분에도 불구하고, 실제로는 제도의 설계와 관리 방식에 따라 불평등이 재생산될 수 있음을 보여준다. 따라서 한국형 기본자산은 단순히 지급 금액을 늘리는 것이 아니라, 보편성 · 재원 안정성 · 관리 방식을 종합적으로 고려해야 한다는 점을 시사한다.

출발선의 평등을 향하여

기본자산은 단순한 현금 지원 정책이 아니다. 이는 세습 자

본주의의 고리를 완화하고 사회적 이동성을 회복하기 위한 제도적 장치다(Atkinson, 2015 ; Piketty, 2020 ; 서정희, 2021). 부모 자산이 자녀의 인생 경로를 결정짓는 불공정 구조를 보정하지 않고는, 청년 세대가 아무리 노력해도 계층 상승을 기대하기 어렵다. 기본자산은 이러한 구조적 문제에 대한 사회적 해법으로, 민주주의가 약속해온 '공정한 기회'를 실질적으로 보장한다.

출발선에서의 최소한의 평등은 능력주의 사회가 성립하기 위한 조건이다. 능력과 노력의 차이가 성과의 차이로 이어지려면, 적어도 출발선에서는 동일한 자원이 주어져야 한다. 기본자산은 바로 그 조건을 마련하는 사회적 투자다.

그러나 동시에 기본자산은 하나의 종착점이 아니라 새로운 사회계약의 출발점이다. 기본소득이 생애 전반의 안정성을, 기본서비스가 집단적 필요를 보장한다면, 기본자산은 사회 진입기의 공정한 출발선을 보장한다. 세 기둥이 함께 작동할 때 한국 사회는 불평등을 완화하고, 청년 세대에게 희망을 줄 수 있는 새로운 길을 열어갈 수 있다.

따라서 한국 사회가 앞으로 나아가야 할 방향은 분명하다. 기본자산을 단순한 현금 지급이 아니라, 세대 간 정의와 사회적 이동성을 보장하는 사회적 장치로 재구성하는 것이다. 이는 곧 한국 사회가 "세습사회"를 넘어 "기회의 사회"로 전환하기 위한 핵심 과제이며, 불평등 시대에 새로운 사회계약을 마련하는 길이다.

제 8 장

기본소득 : 모두에게 주어지는 권리

한국 사회는 불평등 구조의 심화를 경험하고 있다. 특히 노동시장의 변화와 자동화, 플랫폼 경제의 확산은 전통적인 사회보장 체계를 흔들고 있다. 정규직 고용을 전제로 설계된 사회보험은 비정규직·플랫폼 노동자·프리랜서를 보호하지 못하고 있으며, 소득 파편화가 가속화되면서 제도의 보편성이 무너지고 있다. 이러한 상황에서 기본소득은 더 이상 공상적 아이디어가 아니라, 새로운 사회계약의 핵심 기둥으로 부상하고 있다(유영성 외, 2021).

기본소득은 모든 사람에게 조건 없이, 정기적으로, 개별적으로 현금을 지급하는 제도다. 이는 전통적인 복지제도와 세 가지 측면에서 구별된다. 첫째, 보편성이다. 소득 수준, 고용 상태, 재산 여부와 무관하게 모든 시민이 기본소득을 받는다. 둘째, 무조건성이다. 기초생활보장처럼 근로능력 유무나 부양의무자 여부를 따지지 않는다. 셋째, 현금성이다. 바우처나 현물급여가 아닌 현금을 개별적으로 지급해 사용의 자유를 보장한다(BIEN ; 유영성 외, 2021).

이러한 제도는 노동소득이 불안정해진 시대에 새로운 안전망을 제공한다. 노동시장에서 배제되더라도 최소한의 소득을 보장받음으로써 인간다운 삶을 유지할 수 있다. 동시에 기본소득은 단순히 빈곤층 지원이 아니라 권리 기반의 제도라는 점에서 의의가 크다. 이는 모두가 시민으로서 존엄을 유지할 수 있도록 사회가 보장하는 권리이며, 복지의 낙인을 제거하는 혁신적 장치다(BIEN ; 유영성 외, 2021).

모두의 자산, 모두의 몫 - 공유부 배당

우리가 살아가는 세상에는 누구도 단독으로 소유할 수 없는 자산들이 존재한다. 공기, 바다, 숲과 같은 자연은 물론이고, 오늘날에는 인터넷, 데이터, 문화와 같은 사회적 자본도 여기에 포함된다. 이런 자산들을 흔히 공유부(commons)라 부른다. 말 그대로 모두의 것이며, 어느 한 사람이나 기업이 독점할 수 없는 공공적 자산이다(안효상, 2020 ; 유영성 외, 2021).

그러나 현실은 다르다. 역사 속에서 공유부는 종종 특정 집단의 사적 소유로 편입되었다. 토지는 소수 지주에게 집중되었고, 석유 · 광물과 같은 자원은 대기업의 손에 넘어갔다. 인터넷과 데이터조차 글로벌 빅테크 기업들의 수익원으로 변모했다. 그 결과 공유부에서 발생한 막대한 이익은 극소수의 주머니로 흘러들어 갔다(안효상, 2020 ; 유영성 외, 2021).

이 부조리를 교정하는 제도적 장치가 바로 공유부 배당이다. 공유 자산에서 발생한 수익을 모두에게 되돌려 주자는 단순하면서도 강력한 아이디어다. 알래스카에서는 석유 판매 수익을 바탕으로 주민 모두에게 현금 배당을 하고 있다. 일부 국가에서는 탄소세를 걷어 국민에게 나누어주며, 기후위기 대응과 소득 재분배라는 두 마리 토끼를 잡고자 한다. 이런 사례는 공유부 배당의 실천적 가능성을 보여준다(국회 의회정보실, 2020 ; 기본사회2050 구상팀, 2023).

공유부 배당이 필요한 이유는 분명하다. 첫째, 정당성의 문제다. 공유 자산은 원래 모두의 것이므로 그 이익 또한 모두에게 돌아가야 한다. 둘째, 불평등의 완화다. 자산과 소득의 양극화가 심화되는 시대에 공유부 배당은 사회적 안전망이자 기본소득의 성격을 띤다. 셋째, 지속가능성이다. 탄소세와 같은 제도는 자원 사용의 비용을 가시화하여 남용을 막고, 환경을 보호한다. 넷째, 경제민주화의 길이다. 특정 집단이 독점하는 이익을 사회 전체로 환원할 때, 소비 기반이 넓어지고 경제 또한 건강해진다(유영성 외, 2021 ; 기본사회2050 구상팀, 2023).

무엇보다 중요한 점은 미래 세대다. 공유부는 현재 세대만의 것이 아니라 아직 태어나지 않은 사람들의 몫이기도 하다. 기금화와 배당은 자원을 단순히 소모하지 않고, 미래를 위해 남겨두는 방법이 된다(안효상, 2020 ; 기본사회2050 구상팀, 2023).

공유부 배당은 단순한 분배 정책이 아니다. 그것은 우리가 어떤 사회를 지향할 것인가에 대한 질문이다. 모두의 자산을 모두의 몫으로 돌려주는 사회, 그 사회야말로 정의롭고 지속가능한 미래를 준비하는 길일 것이다(유영성 외, 2021).

알래스카의 영구기금배당

알래스카의 영구기금배당(Alaska Permanent Fund Dividend, PFD)은 전 세계에서 가장 주목받는 기본소득적 제도 중 하나이다. 1968년 알래스카 북부 프루도 베이(Prudhoe Bay)에서 대규모 원유가 발견되면서 막대한 석유 수익이 발생했지만, 당시 알래스카 주 헌법은 자원 수익을 반드시 일반 예산에 편입하도록 규정하고 있었고, 이에 따른 자원 고갈과 정치적 남용 우려가 제기되었다(국회 의회정보실, 2020).

논의를 거듭한 결과 1976년에 주민투표로 알래스카 헌법을 개정해서 석유 수익의 일부를 알래스카 영구기금(Alaska Permanent Fund)에 적립하도록 결정했는데, 이는 자원 소득을 미래 세대와 공유하기 위한 조치였다. 영구기금 자체는 석유 로열티 수익으로 조성되며, 자산은 주식, 채권, 부동산 등으로 투자 운용. 운용 수익의 일정 비율이 배당에 사용될 수 있게 하였다(국회 의회정보실, 2020).

이에 따라 1982년 기금 운용 수익 일부를 주민에게 현금 배당(PFD)으로 지급하는 제도를 시작했는데, 첫해 성인 기준 약

1,000달러를 지급했다. 영구기금배당은 1년 이상 알래스카에 거주한 모든 주민(연령 무관, 아동 포함)이며, 지급액은 연도별 석유 가격, 운용 수익, 주 정부 재정정책에 따라 크게 변동된다. 예를 들어 2008년에는 약 2,069달러를 지급한 반면 2010년대에는 평균 약 1,000달러 전후를 지급했도, 2022년에는 약 3,284달러(유가 급등 + 추가 에너지 보조 포함)를 지급했다(국회 의회정보실, 2020).

영구기금배당은 다음과 같은 효과를 가지는 것으로 알려졌다. 경제적 효과가 가장 대표적인데, 먼저 소득 재분배효과이다. 모든 주민이 동일 금액을 받으므로 상대적으로 저소득층에 더 큰 혜택이 주어지고 이는 불평등 완화로 이어졌다. 이로 인해 알래스카는 미국에서 불평등이 가장 작은 나라로 알려졌다.

소비 촉진 효과도 있어 지급 직후 소매 소비가 늘어나 지역 경제에 긍정적 파급효과를 가지며, 아동 빈곤율도 2~3%포인트 감소시키는 효과를 보이는 것으로 알려지고 있다.

노동시장 영향 또한 기존 우려(노동 의욕 감소)는 크지 않은 것으로 나타나고 있으나, 다만 일부 저임금 서비스 업종에서는 인력 공급이 약간 줄었다는 연구 결과도 있다(국회 의회정보실, 2020).

알래스카 모델은 기본소득 논의의 대표적 사례로 자주 언급되는데, 몽골, 이란, 마카오 등이 유사한 자원배당제도를 시도했으나 지속성은 알래스카만큼 안정적이지 않았다.

알래스카 영구기금배당은 석유 수익을 주민 모두와 공유하는 제도로서, 40년 넘게 유지된 사실상 "부분적 기본소득" 실험이다. 주민 생활 안정과 불평등 완화에 긍정적 역할을 했지만, 유가 변동과 재정 적자 문제로 지급 규모와 지속가능성은 논쟁의 대상이 되고 있다(국회 의회정보실, 2020).

스위스, 캐나다의 탄소세와 탄소배당

스위스는 2008년부터 탄소세를 본격적으로 시행했다. 주로 난방과 산업용 연료에 부과하는 세금으로 시작했는데, 처음에는 자발적 감축을 우선시하되 목표를 달성하지 못하면 세율을 단계적으로 올리는 방식이었다. 이후 기후목표 달성을 위해 세율이 꾸준히 인상되었고, 현재는 세계에서도 가장 높은 수준인 톤당 120스위스프랑에 달한다. 이 세금은 단순히 정부의 일반 재원으로 쓰이지 않는다. 걷은 세수의 약 3분의 2는 국민과 기업에게 되돌려준다. 개인의 경우에는 건강보험료 감면을 통해, 기업의 경우에는 사회보장 기여금 감면을 통해 배당이 이루어진다. 나머지 재원은 건물 단열이나 재생에너지 지원과 같은 기후 정책에 쓰인다. 그 결과 스위스는 가정과 건물 부문에서 온실가스 감축 효과를 뚜렷하게 보였으며, 세금이 환급된다는 점 때문에 국민적 수용성도 비교적 높다. 다만 교통 연료에는 탄소세가 직접적으로 적용되지 않아 이 부문에서는 효과가 제한적이라는 평가도 존재한다(기본사회2050 구상팀, 2023).

캐나다의 경우에는 조금 다른 길을 걸었다. 2008년 브리티시 컬럼비아 주가 북미 최초로 포괄적 탄소세를 도입했는데, 모든 화석연료에 세금을 매기면서도 세수는 전액 주민과 기업에게 환급하거나 세금 감면으로 돌려주는 '세수중립형' 방식이었다. 이 모델이 성과를 보이자, 2019년에는 연방정부 차원에서 탄소세 제도가 도입되었다. 연방은 모든 주에 일정 수준의 탄소가격제를 요구했고, 이를 따르지 않는 주에는 연방의 탄소세가 직접 적용되도록 했다. 세율은 2019년 톤당 20캐나다달러로 시작해 매년 10달러씩 인상되고 있으며, 2030년에는 170달러에 이를 예정이다. 세수는 대부분 '기후행동 인센티브(Climate Action Incentive)'라는 이름으로 가구 단위의 현금 환급으로 되돌아간다. 가구 규모에 따라 금액이 달라지며, 저소득층이나 중산층은 내는 세금보다 더 많은 환급을 받아 순이익을 얻는 구조다. 반면 에너지 소비가 많은 고소득층은 순부담을 지는 경우가 많다. 실제로 브리티시컬럼비아에서는 휘발유 사용량이 전국 평균보다 확연히 줄어드는 등 효과가 나타났고, 연방 차원에서도 화석연료 사용 억제에 일정한 성과를 거두었다. 그러나 보수 정당을 중심으로 생활비 부담이 커진다는 비판이 이어지고 있어 정치적 갈등은 여전히 존재한다(기본사회2050 구상팀, 2023).

결국 두 나라의 경험은 비슷한 메시지를 보여준다. 탄소세를 단순한 세금이 아니라 국민에게 되돌려주는 배당으로 설계하면 사회적 수용성이 높아지고, 불평등을 완화하는 효과까지 기대할 수 있다는 것이다. 스위스는 높은 세율에도 불구하고 안정적으로 제도를 유지하고 있고, 캐나다는 전국적인 확산과 체계적인 환급 시스템을 통해 "탄소세는 서민에게 손해"라는 인식을 상당 부분 반박해 내고 있다(기본사회2050 구상팀, 2023).

지구촌의 기본소득 실험

국제적으로도 기본소득 실험은 점차 확산되고 있다. 특히 핀란드의 기본소득 실험(2017~2018)은 전 세계의 주목을 받았다. 핀란드 정부는 2,000명의 실업자에게 매월 560유로를 지급했다. 결과는 흥미로웠다. 기본소득이 노동 공급을 줄이지 않았으며, 수급자의 정신 건강과 삶의 만족도가 높아졌다. 일부는 소득이 안정되자 더 적극적으로 일자리를 찾거나 창업을 시도했다(Kela 2019 보도 인용).

아래 표는 핀란드 기본소득 실험의 핵심 결과를 정리한다. 고용률 변화는 미미했지만, 삶의 만족도와 정부 신뢰도는 높아졌음을 보여준다.

〈표 8-1〉 핀란드 기본소득 실험의 주요 결과 (2017~2018)

지표	기본소득 수급 집단	통제 집단	차이
고용률 변화	+0.5%	+0.0%	+0.5%
삶의 만족도	7.3	6.8	+0.5
정신적 스트레스 감소	55% 경험	46% 경험	+9%
정부 신뢰도	65%	58%	+7%

출처 : Kela, Finnish Social Insurance Institution (2019)

이 표가 보여주는 것은 기본소득이 단순한 현금 이전을 넘어 사회적 신뢰와 삶의 질을 개선한다는 사실이다. 노동시장 참여를 줄일 것이라는 우려와 달리, 실험은 오히려 안정성을 높이고 참여 의지를 강화했다. 이는 기본소득이 인간의 동기를 단순히 경제적 인센티브로만 설명할 수 없음을 보여준다(Kela, 2019).

최근 챗지피티로 유명한 OpenResearch(2023)의 실험도 주목할 만하다. 오픈리서칭에서는 2020년 11월부터 2023년 10얼까지 3년동안 미국의 빈곤선 300% 이하 소득자 중 21~40세 1,000명에게 매달 1,000달러를 지급하고 통제집단 2,000명에게는 매달 50달러를 지급하고 이들을 비교했다.

OpenResearch(2023)의 기본소득 실험은 여러 가지 경제적 및 사회적 변수를 측정하고, 참가자들이 받는 직접적인 금전적 지원이 삶에 어떤 영향을 미쳤는지를 분석하는 형태로 진행되었는데, 주요 실험 결과는 다음과 같다.

먼저 기본소득이 제공되면, 실험 참가자들의 경제적 안정성이 크게 향상된다는 결과가 도출되었다. 예를 들어, 실험에 참가한 사람들은 기본소득을 통해 더 많은 재정적 자유를 얻었고, 일시적인 실업이나 예기치 않은 지출로 인한 스트레스가 감소했다고 보고했다. 또한, 생계비가 보장됨으로써 사람들은 더 창의적이고 생산적인 활동에 시간을 할애할 수 있었다.

둘째, 기본소득이 제공된 환경에서 일부 참가자들은 더 이상 불합리한 노동 환경에서 일하지 않겠다고 결정했다. 이는 기본소득이 고용 시장에서 참가자들에게 더 나은 선택권을 제공하고, 저임금 및 고통스러운 노동에서 벗어날 수 있도록 돕는다는 증거로 해석되었다. 그러나 일부 실험에서는 참여자들이 기본소득을 받아도 여전히 노동을 계속하는 경향을 보였고, 이는 기본소득이 실직을 예방하거나 일자리 부족 문제를 해결하는 데 한계가 있다는 시사점을 제공하기도 했다.

셋째, 기본소득이 참가자들의 심리적 웰빙에 긍정적인 영향을 미친다는 결과도 있었다. 경제적 불안정성이 감소하면서, 참가자들은 더 높은 수준의 행복감과 삶의 만족도를 보고했으며, 스트레스 수준이 감소했다고 밝혔다. 또한, 참가자들이 서로 협력하는 경향이 증가하고, 사회적 연결과 공동체 의식이 강화되는 현상도 관찰되었다.

넷째, 기본소득을 받은 지역에서는 소득 불평등이 감소하는 경향을 보였다. 특히 저소득층에서 기본소득을 통한 추가적인 재정적 지원이 주요한 영향을 미쳤다. 이를 통해 기본소득이 사회적 안전망을 강화하고, 빈곤 문제를 완화하는 데 기여할 수 있다는 점이 강조되었다.

OpenResearch(2023)의 기본소득 실험은 단순히 재정적 지원을 넘어서, 사람들이 경제적 자유를 통해 인간으로서의 권리를 온전히 행사할 수 있는 가능성을 보여주었다. 기본소득은 노동에서 벗어나 창의적, 교육적 활동을 통해 개인의 잠재력을 극대화할 수 있는 기회를 제공한다고 볼 수 있다.

또한 기본소득이 경제적 불안정성을 줄이고, 불평등을 완화하는 데 중요한 역할을 할 수 있음을 시사한다. 특히 경제적 위기나 팬데믹과 같은 외부 충격에 대한 빠른 대응이 가능하고, 사회적 안전망을 강화하는 측면에서 중요한 의의를 갖는다(유영성 외, 2021).

나아가 기본소득은 단순히 경제적 지원을 넘어서, 사회적 변화와 혁신을 촉진하는 도전적인 정책으로 자리 잡을 수 있다. 기본소득이 가져올 수 있는 긍정적인 변화는 단지 물질적 여유가 아니라, 사람들의 사고방식, 일에 대한 태도, 인간관계에까지 영향을 미칠 수 있음을 실험을 통해 확인했다(유영성 외, 2021).

한국에서도 기본소득 논의는 활발하다. 경기도는 청년 기본소득(청년배당) 제도를 시행해 만 24세 청년에게 분기별 25만 원을 지역화폐로 지급했다. 이는 단순히 소액의 지원이 아니라, 청년이 사회 구성원으로 존중받고 있다는 상징적 의미를 가졌다.

아래 표는 경기도 청년배당 시행 이후 청년들의 만족도와 인식 변화를 비롯해, 정책의 체감 효과와 지역 경제에 미친 영향을 수치로 보여준다.

〈표 8-2〉 경기도 청년 기본소득 만족도 조사 결과 (2020)

항목	긍정 응답 (%)
생활 안정에 도움이 됨	68.2
지역 경제 활성화에 기여	61.5
사회적 신뢰 회복에 기여	58.9
불필요한 낭비로 느낀다	17.3

출처 : 경기도 청년정책관 (2020)

이 표가 보여주는 것은 기본소득이 개인의 삶뿐 아니라 지역 경제와 사회적 신뢰에도 긍정적 영향을 미친다는 사실이다. 다만 일부는 여전히 “낭비”로 인식하기도 하여 제도 설계와 사회적 합의가 중요함을 시사한다.

비판도 존재한다. 첫째, 막대한 재원이 필요하다는 점이다. 한국에서 성인 4,000만 명에게 월 30만 원을 지급한다고 가정하면 연간 144조 원이 필요하다. 이는 국가 예산의 약 20%에 해당한다. 둘째, 기존 복지제도와의 관계 설정 문제다. 일부는 기본소득이 다른 복지제도를 대체할 위험이 있다고 우려한다. 셋째, 근로 의욕 저하에 대한 논란도 지속된다.

그러나 이러한 비판에도 불구하고 기본소득의 필요성은 점차 커지고 있다. 자동화와 인공지능의 확산은 일자리 자체를 줄일 수 있으며, 플랫폼 경제는 소득을 불안정하게 만든다. 이러한 구조에서 기존 복지제도만으로는 위험을 완전히 흡수할 수 없다(유영성 외, 2021).

아래 표는 기본소득과 기존 복지제도를 비교한 것이다.

〈표 8-3〉 기본소득과 기존 복지제도의 비교

구분	기존 복지제도	기본소득
대상	저소득층, 특정 집단	전 국민
조건	소득 심사, 근로능력 평가 등 필요	무조건 지급
지급 형태	현금 + 현물, 제한적 사용	현금, 개별적, 자유로운 사용
효과	빈곤 완화, 선별적 안전망	출발선 평등, 보편적 안전망, 신뢰 강화

출처 : 기본소득한국네트워크 (2021) 재구성

이 비교는 기본소득이 기존 제도의 한계를 넘어 보편적 권리로서 작동한다는 점을 보여준다. 선별적 복지는 낙인과 사각지대를 낳지만, 기본소득은 사회 구성원 모두에게 동일하게 지급되므로 낙인이 사라지고 신뢰가 강화된다(유영성 외, 2021).

기본소득은 단순히 복지제도의 한 항목이 아니라 새로운 사회계약이다. 그것은 "모두가 인간다운 삶을 누릴 권리가 있다"는 선언이며, 이를 제도로 구현하는 것이다. 출발선에서의 자산을 보장하는 기본자산과 결합할 때, 기본소득은 생애 전반의 안정성을 확보하는 기둥이 된다(유영성 외, 2021 ; 기본사회2050 구상팀, 2023).

따라서 기본소득은 한국 사회에서 불평등과 불안을 넘어 새로운 사회계약으로 나아가기 위한 핵심 제도다. 이는 곧 기본사회 구상의 두 번째 기둥이며, 다음 장에서 다룰 기본서비스—집단적 필요의 보장과 결합할 때, 존엄 기반의 생활을 완성하는 제도가 된다(기본사회2050 구상팀, 2023).

제 9 장

기본서비스 : 집단적 필요의 보장

21세기 불평등의 현실 속에서 주목받는 또 다른 대안은 기본서비스이다. 기본소득이 모든 시민에게 현금을 지급하는 방식이라면, 기본서비스는 인간다운 삶을 영위하기 위해 반드시 필요한 영역을 공공이 무상으로 제공하는 체계를 말한다. 이 개념은 2017년 영국 UCL 산하 연구진이 제안하면서 본격적으로 주목받기 시작했다. 당시 연구진은 의료, 교육, 법률과 같은 전통적 공공서비스에 더해 주거, 교통, 정보, 심지어 식량까지 보편적으로 보장해야 한다고 주장했다. 인간에게는 단순한 소득 이상의 것이 필요하며, 특히 시장에만 의존해서는 해결할 수 없는 영역이 존재한다는 인식에서 출발한 것이다(IGP, 2017 ; Labour, 2019).

기본서비스의 국제적 전개와 한국형 구상

기본서비스의 철학적 배경에는 네 가지 논리가 자리한다. 첫째, 의료나 교육처럼 개인만이 아니라 사회 전체가 이익을 얻는 영역에서는 공공이 책임을 져야 한다는 '외부성의 원리'다. 둘째, 교통 · 정보와 같은 네트워크 서비스는 규모의 경제와 독점 위험이 크기 때문에 국가가 직접 개입하는 것이 효율적이다. 셋째, 의료 · 법률처럼 정보 비대칭이 심각한 영역은 소비자가 합리적 선택을 하기 어렵기에 공공 개입이 필요하다. 마지막으로, 인간다운 삶을 영위하기 위한 필수재는 시혜가 아니라 시민권의 일부로 보장되어야 한다는 가치적 명분이다. 즉, 기본서비스는 단순한 비용의 문제가 아니라, 시민이 존엄을 지키며 살아가기 위한 권리라는 점에서 의미가 있다(Coote & Percy, 2020 ; Gough, 2019 ; IGP, 2017).

이러한 논리 위에서 기본서비스의 범위는 점차 확장되어 왔다. 초기에는 의료, 교육, 법률 · 민주주의 영역에 주거, 교통, 정보, 식량을 추가해 일곱 가지 영역을 제시했다. 이후 돌봄 영역까지 포함되면서, 인간 삶의 전 주기에 걸쳐 필요한 서비스들이 기본서비스의 범주에 들어가기 시작했다. 한국 사회에서도 최근 몇 년간 아동돌봄, 노인장기요양, 공공임대주택, 무상급식, 교통비 지원과 같은 제도들이 확대된 것은 같은 문제의식을 공유한 흐름이라고 할 수 있다(IGP, 2017 ; 기본사회2050팀, 2023).

아래 그림은 영국 UCL 제안(2017)과 한국 「기본사회2050 구상」(2023)에서 각각 강조한 기본서비스의 7대 영역을 시각적으로 비교한 것이다.

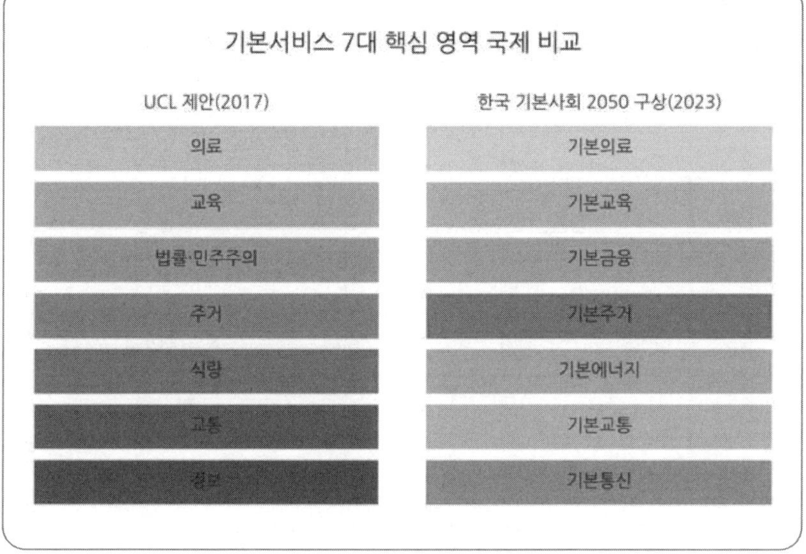

[그림 9-1] 기본서비스 7大 핵심 영역 국제 비교

출처 : UCL Institute for Global Prosperity(2017), 기본사회2050팀(2023) 재구성

이 그림이 보여주는 것은, 기본서비스의 기본철학은 동일하지만 한국의 경우 디지털 전환과 에너지 위기라는 신사회적 위험을 반영해 금융 · 통신 · 에너지를 보편적 권리로 새롭게 포함시켰다는 점이다. 이 차이를 좀 더 체계적으로 정리하면 다음 표와 같다(기본사회2050팀, 2023 ; IGP, 2017).

〈표 9-1〉 기본서비스 7대 영역 국제 비교

구분	UCL 제안 (2017, 영국)	한국 「기본사회2050 구상」 (2023)
1	의료	기본의료
2	교육	기본교육
3	법률 · 민주주의	기본금융
4	주거	기본주거
5	식량	기본에너지
6	교통	기본교통
7	정보	기본통신

출처 : UCL Institute for Global Prosperity(2017), 기본사회2050팀, (2023).

위 표가 의미하는 것은, UCL 구상은 '생존과 민주적 참여 보장'에 방점을 두었다면, 한국형 구상은 '신사회적 위험 대응'을 위해 금융 · 통신 · 에너지라는 새로운 권리 영역을 설정했다는 점이다. 즉 한국의 기본서비스는 전통적 복지국가를 넘어 21세기형 사회권 확대를 지향한다(기본사회2050팀, 2023).

기본서비스의 효과와 장점

기본서비스가 주목받는 이유는 그 효과와 장점 때문이다. 무엇보다 노동시장에서 불안정성이 심화되는 상황에서, 현금 이

전만으로는 생활의 안정성을 보장하기 어렵다. 반면 주거, 교통, 돌봄, 정보와 같은 영역에서 공공서비스가 제공된다면, 노동자의 소득이 일정치 않더라도 삶의 기반을 유지할 수 있다. 또한 재원 조달이 조세 기반으로 이루어질 경우 고소득층이 더 많은 부담을 지게 되므로, 누진적 효과가 발생한다. 무엇보다 기본서비스는 정치적 지속가능성이 높다. 시민권에 기반한 권리로 제도화될 경우 정권의 변화에도 쉽게 사라지지 않으며, 오히려 장기적으로는 사회적 신뢰를 쌓아가는 기반이 된다(Gough, 2020 ; Coote & Percy, 2020 ; 유영성 외, 2021).

기본서비스의 또 다른 중요한 장점은 사회적 연대를 강화한다는 점이다. 현금은 개인에게 지급되지만, 서비스는 공동체가 함께 이용한다. 예컨대 무상급식이나 대중교통 무상화는 사회적 접촉을 늘리고, 공동체적 경험을 축적하게 만든다. 이는 사회적 신뢰와 책임감을 증진시켜 민주주의에도 긍정적인 효과를 미친다. 게다가 기본서비스는 영역별로 점진적 확대가 가능하다. 기존 제도와 충돌하지 않고 주거, 교통, 정보와 같은 분야부터 차례로 확장할 수 있기 때문에, 제도적 실행 가능성도 높다(Coote & Percy, 2020 ; IGP, 2017 ; 유영성 외, 2021).

아래 그림은 기본소득과 기본서비스가 대체관계가 아니라 상호 보완적이라는 점을 시각화하여 보여준다.

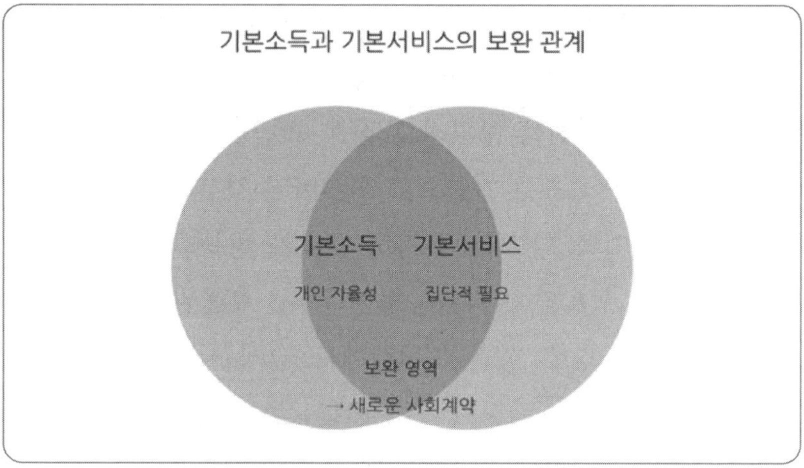

[그림 9-2] 기본소득과 기본서비스의 보완 관계
출처 : 유영성 외, 「기본소득과 유사제도 비교 연구」, 경기연구원(2021)

이 그림은 기본소득과 기본서비스가 서로 대체재가 아니라 보완재임을 보여준다. 기본소득은 개인의 자율성을 보장하고, 기본서비스는 집단적 필요를 충족시킨다. 따라서 두 제도는 병행될 때 더 큰 효과를 발휘하며, 새로운 사회계약의 핵심 기둥으로 기능할 수 있다(유영성 외, 2021).

한국 복지지출 구조의 변화

기본서비스 논의는 한국 복지지출 구조의 변화와도 맞물린다. 아래 그림은 2005년에서 2020년까지 현금 급여와 사회서비스 지출 비중의 변화를 보여준다.

아래 그림은 2005~2020년 사이 한국의 사회서비스 지출이 현금 급여보다 빠르게 증가하는 추세를 보여준다.

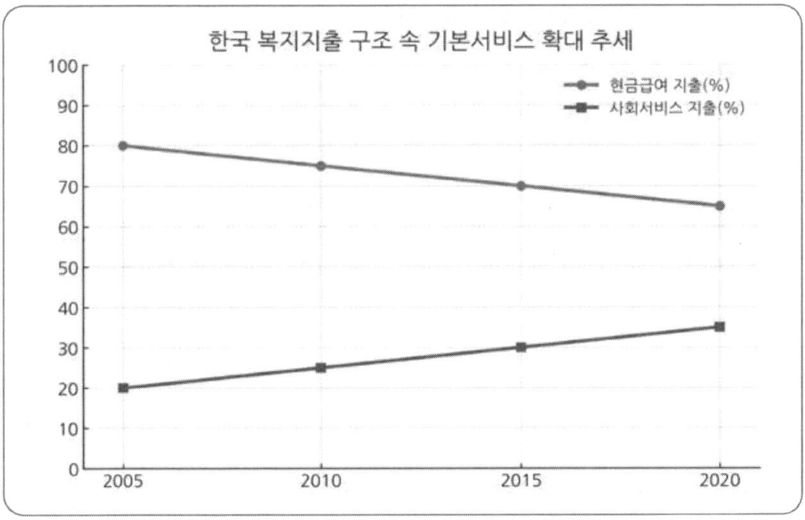

[그림 9-3] 한국 복지지출 구조 속 기본서비스 확대 추세

출처 : OECD Social Expenditure Database(SOCX), 기본사회2050팀(2023) 재구성

이 그림이 의미하는 것은, 한국 복지국가가 점차 '현금 이전 중심'에서 '서비스 기반 복지'로 이동하고 있다는 점이다. 단순한 비중 변화가 아니라, 기본서비스 제도화를 위한 재정적 · 정치적 기반이 형성되고 있음을 드러낸다(OECD, 2022 ; 기본사회2050팀, 2023).

쟁점과 갈등 구조

그러나 기본서비스를 둘러싼 논쟁은 여전히 뜨겁다. 의료·교육처럼 사회적 합의가 공고한 영역이 있는가 하면, 주거와 식량처럼 권리 보장과 재정 부담이 첨예하게 대립하는 영역도 있다. 이를 정리하면 다음과 같다.

〈표 9-2〉 기본서비스 7대 영역 쟁점 요약표 (UCL 제안 기준)

영역	찬성 논리	반대/우려 논리
의료	보편적 권리, 건강 불평등 완화	이미 공보험 존재, 재정 부담
교육	인적자본 형성, 평등한 기회 제공	기존 제도 충분, 추가 무상화 재원 문제
법률· 민주주의	법적 평등·참여권 보장, 사회적 신뢰 강화	제도 운영비용 과다, 국가 권력 집중 우려
주거	주거 안정은 삶의 기반, 불평등 완화	보편적 무상 제공은 과도한 재정 소요
식량	기본 생존권, 빈곤층 영양 불평등 해소	시장 기능 왜곡, 보편 제공의 정당성 논란
교통	이동권 보장, 지역·계층 격차 해소	무상화 시 비용 급증, 이용 과잉 가능
정보	정보 접근권, 디지털 격차 완화	민간시장 효율성 저해 우려

출처 : 유영성 외(2021), 경기연구원 ; 기본사회2050 구상팀(2023) 재구성

이 표가 보여주는 것은, 의료 · 교육은 사회적 합의가 높지만 주거 · 식량은 권리 보장과 재정 부담이 충돌하는 대표적 영역이라는 점이다.

이러한 쟁점 구조를 강도의 차원에서 시각화하면 더욱 분명하다. 아래 그림은 의료 · 교육 분야의 사회적 합의가 높고, 주거 · 식량은 갈등이 큰 영역임을 시각화하여 보여준다.

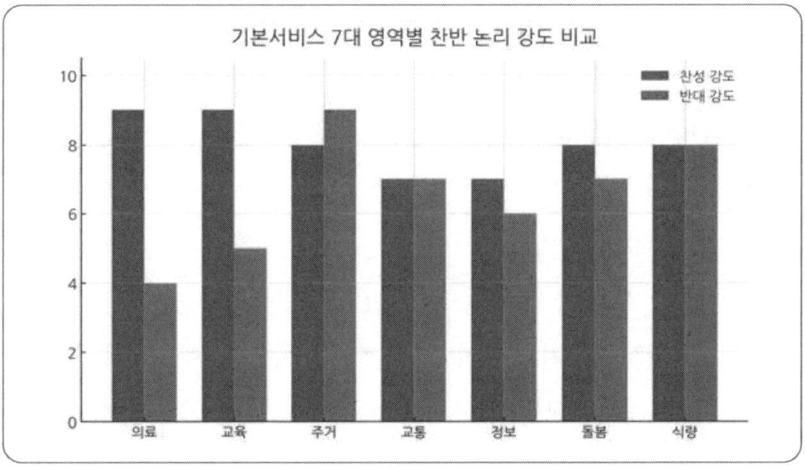

[그림 9-4] 기본서비스 7대 영역별 찬반 논리 강도 비교

출처 : 유영성 외, 「기본소득과 유사제도 비교 연구」, 경기연구원 정책연구 2021-18

이 그림은 의료와 교육은 찬성이 압도적이고 반대는 미약한 반면, 주거와 식량은 찬반 강도가 모두 높음을 보여준다. 교통, 정보, 돌봄은 사회적 필요성과 재정 효율성 논리가 균형을 이루며, 그만큼 정책적 합의가 쉽지 않은 영역임을 시사한다.

최근 학계에서는 기본서비스와 기본소득을 대립적으로 보지 않고 보완적으로 설계하는 것이 바람직하다는 평가가 힘을 얻고 있다. 기본서비스는 필요의 원리에 기반해 집단적 필요를 충족시키고, 기본소득은 권리의 원리에 기반해 개인의 자율성을 보장한다. 따라서 두 제도는 상호 대체재가 아니라 보완재로 보는 것이 타당하다(Coote & Percy, 2020 ; Gough, 2020 ; 유영성 외, 2021).

재원 조달 방식도 구분할 수 있다. 기본서비스는 일반 조세로, 기본소득은 탄소세나 토지보유세 같은 공유부 과세로 마련하는 식이다. 역사적으로도 현금 이전 지출과 서비스 지출은 함께 증가해 왔으며, 이는 양자가 상호 보완적임을 보여준다(OECD, 2022 ; 유영성 외, 2021 ; Gough, 2020).

결국 한국 사회가 불평등 시대를 넘어 지속가능한 사회로 나아가기 위해서는, 기본서비스와 기본소득을 병행 설계해야 한다. 주거와 돌봄, 교통과 정보 같은 기본서비스가 안정적으로 보장될 때 기본소득의 효과도 강화되고, 기본소득이 시민의 자율성을 확대할 때 기본서비스의 집단적 토대도 더 튼튼해진다. 두 제도의 결합은 단순히 제도를 병렬 배치하는 것이 아니라, 21세기형 새로운 사회계약을 구체화하는 핵심 전략이다(기본사회2050팀, 2023 ; 유영성 외, 2021).

제 4 부

쟁점과 과제

제10장 복지국가 vs 기본사회

제11장 재원은 어떻게 마련할 것인가?

제12장 보편성의 원칙과 논쟁

제 10 장

복지국가 vs 기본사회

복지국가의 빛과 그림자

20세기 중반 복지국가는 전후 사회를 재건하는 핵심 장치였다. 영국의 베버리지 보고서가 제시한 "5대 사회악(빈곤, 질병, 무지, 실업, 불결)"을 국가가 책임지고 퇴치한다는 비전은 전 유럽으로 확산되었다(베버리지 전통 요약: OECD, 2022). 사회보험과 공공부조, 보편적 서비스는 노동시장을 기반으로 설계되었고, 국민은 생애 전반에 걸쳐 최소한의 안전망을 보장받을 수 있었다.

한국 역시 압축 성장을 거치며 뒤늦게 복지국가 체제를 구축하였다. 국민건강보험의 전 국민 확대(1989년), 기초생활보장제도의 도입(2000년), 국민연금의 정착은 대표적 성과였다. 이 제도들은 수많은 가계의 파탄을 막아내며 사회적 안전망으로 기능하였다. 복지국가는 분명히 시민에게 희망을 주었다.

그러나 1970년대 이후 복지국가는 균열을 보이기 시작하였다. 저성장과 고령화, 노동시장 불안정성이 확대되면서 재정 부담은 눈덩이처럼 불어났다. 또한 임금노동을 기반으로 한 사회보험 체계는 플랫폼 노동자, 특수고용직, 프리랜서, 자영업자 등 새로운 고용 형태를 포괄하지 못하였다(기본사회2050 구상팀, 2023).

이러한 구조적 문제는 통계에서도 드러난다. 소득 불평등을 나타내는 지니계수는 OECD 평균과 유사한 수준이지만, 자산 불평등을 나타내는 지니계수는 훨씬 높게 나타났다(통계청 · 한국은행, 2022).

아래 그림은 한국의 소득 불평등과 자산 불평등을 비교한 것이다.

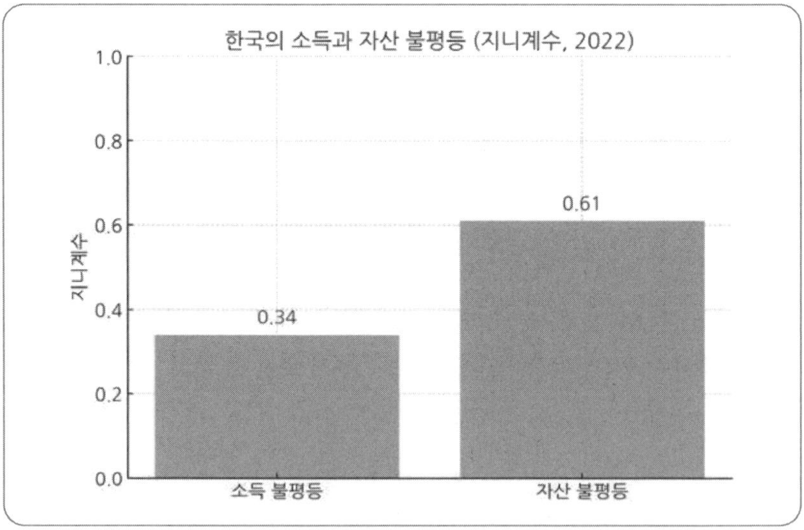

[그림 10-1] 한국의 소득과 자산 불평등 (지니계수 기준, 2022)

출처 : 통계청 「가계금융복지조사」(2022) 재구성.

그림에서 보듯 소득 지니계수는 약 0.34로 OECD 평균과 유사하다. 그러나 자산 지니계수는 0.61을 기록하며 한국 사회가 소득보다 자산에서 훨씬 더 큰 불평등을 겪고 있음을 보여준다.

이 수치가 의미하는 것은 명확하다. 한국 사회의 불평등은 월급의 차이가 아니라 부모가 물려준 자산에서 비롯되는 구조라는 점이다. 다시 말해, 한국은 '소득 불평등 사회'라기보다 '자산 불평등 사회'인 것이다. 이로 인해 세습 자본주의가 고착화되고 사회적 이동성이 점차 사라졌다. 청년 세대는 능력과 노력만으로 계층 상승을 기대하기 어려운 사회에 살고 있는 것이다(통계청 · 한국은행, 2022 ; 기본사회2050 구상팀, 2023).

복지국가는 소득 중심 안전망으로서 분명 중요한 성과를 거두었지만, 자산 세습이 강화된 오늘날의 구조적 불평등에는 대응하기 어려운 제도이다. 바로 이 지점에서 출발선의 평등을 보장하는 기본자산, 생애 전반의 안정성을 보장하는 기본소득, 집단적 필요를 사회가 책임지는 기본서비스라는 기본사회 구상이 새로운 대안으로 부상하게 된 것이다(기본사회2050 구상팀, 2023).

기본사회의 등장 배경

21세기에 접어들면서 복지국가의 균열은 점점 더 뚜렷하게 드러났다. 코로나19 팬데믹은 그 한계를 극명하게 보여주었다.

자영업자, 플랫폼 노동자, 특수고용직 종사자들은 고용보험의 보호 밖에 놓여 있었고, 기존 제도로는 이들에게 신속하고 공평하게 지원하기 어려웠다(기본사회2050 구상팀, 2023). 이때 도입된 긴급재난지원금은 조건 없는 보편적 현금 이전 방식으로 지급되었는데, 그 효과는 분명하였다. 소득과 신분, 고용 형태에 관계없이 모두가 동시에 지원을 받음으로써 사각지대 없이 빠르고 공정한 대응이 가능하다는 사실이 입증되었다. 이 경험은 한국 사회 전체에 새로운 질문을 던졌다. "이제는 보편적이고 기본적인 권리를 중심으로 한 새로운 제도가 필요하지 않은가?"라는 물음이었다.

이러한 맥락에서 등장한 개념이 바로 기본사회였다. 기본사회는 복지국가를 단순히 확장하는 것이 아니라, 사회계약의 내용을 근본적으로 다시 쓰려는 시도였다. 핵심은 세 가지 기둥으로 요약되었다(기본사회2050 구상팀, 2023).

첫째, 기본자산은 출발선의 평등을 보장하기 위한 장치였다. 청년이 사회에 진입할 때 최소한의 자본을 사회가 함께 보장함으로써, 부모의 자산 유무가 인생의 기회를 좌우하지 않도록 하는 구상이었다.

둘째, 기본소득은 모든 시민에게 조건 없이 주어지는 권리였다. 노동 여부나 소득수준과 관계없이 정기적으로 지급되는 소득을 통해, 누구나 생애 전반에 걸쳐 최소한의 안정성을 확보할 수 있었다.

셋째, 기본서비스는 의료, 교육, 주거, 교통, 돌봄 등 집단적 필요를 사회가 책임지고 제공하는 체계였다. 이는 개인이나 가족의 부담으로 남겨져 있던 영역을 사회가 공적으로 떠안음으로써, 모두가 존엄한 삶을 유지할 수 있도록 하는 장치였다.

이 세 기둥은 기존 복지국가가 보여주었던 사후적 안전망을 넘어, 사전적으로 기회와 권리를 평등하게 보장하려는 구상으로 자리 잡았다(IGP, 2017 ; 유영성 외, 2021 ; 기본사회2050 구상팀, 2023). 기본사회는 결국, 새로운 시대의 위험과 불평등에 대응하기 위해 사회계약의 원칙을 다시 쓰려는 사회적 약속이었다.

이러한 기본사회의 세 기둥은 복지국가의 구성 요소와 뚜렷한 차이를 보인다.

아래 표는 두 체제를 비교하여 그 차이를 보여주고 있다.

〈표 10-1〉 복지국가와 기본사회의 구성 요소 비교

구분	복지국가	기본사회
소득 보장	사회보험, 공공부조 중심	기본소득, 보편적 현금 이전
자산 보장	가족 상속 · 증여에 의존	기본자산 제도 도입
서비스 보장	제한적 공공서비스, 가족 돌봄	기본서비스로 국가 직접 보장
위험 대응 방식	사후적 구제 중심	사전적 예방 중심

출처 : 기본사회2050구상(2023) 재구성

이 비교가 보여주는 것은, 기본사회가 단순히 복지국가의 일부 제도를 확장한 것이 아니라, 사회계약의 원리 자체를 바꾸려는 시도라는 점이다. 복지국가가 "문제가 생기면 구제하는 체계"였다면, 기본사회는 "문제가 발생하지 않도록 사전에 보장하는 체계"인 것이다.

복지국가와 기본사회의 비교

복지국가와 기본사회는 모두 불평등을 완화하고 인간다운 삶을 보장한다는 목표를 공유하고 있다. 그러나 양자의 접근 방식은 시대적 배경과 제도의 설계 철학에서 뚜렷한 차이를 보인다.

복지국가는 전후 산업사회에서 발생하는 위험을 전제로 만들어졌다. 실업, 질병, 노령과 같은 사건이 발생한 뒤 국가가 소득을 보전하거나 공공부조를 통해 최소한의 생활을 유지하도록 돕는 방식이었다. 이는 사후적 안전망의 성격을 띠고 있었다. 반면 기본사회는 21세기의 새로운 위험, 즉 불안정 고용, 기후위기, 돌봄 위기, 디지털 격차와 같은 구조적 위험에 대응하기 위해 설계되었다(IGP, 2017 ; Gough, 2020 ; 기본사회2050 구상팀, 2023). 따라서 위험이 발생하기 이전부터 기회를 평등하게 하고 권리를 보장하는 사전적 안전망을 지향한다.

이러한 대비는 권리 보장의 원리에서도 나타난다. 복지국가는 사회보험 자격이나 소득조사를 통해 수급 자격을 제한하는 경우가 많았다. 반대로 기본사회는 시민권을 기반으로 하여 모든 사람에게 동일하게 주어지는 보편적 권리를 강조한다.

아래 표는 복지국가와 기본사회의 제도적 특징을 비교한 것이다.

〈표 10-2〉 복지국가와 기본사회의 제도 비교

구분	복지국가	기본사회
위험 대응	실업 · 질병 · 노령 등 발생 후 소득 보전	출발선 자산 · 기본소득 · 서비스로 예방
권리 범위	사회보험 자격, 소득조사 등 선별적 권리	시민 모두에게 주어지는 보편적 권리
제도 축	사회보험 · 공공부조	기본자산 · 기본소득 · 기본서비스
가족 · 시장 역할	가족 돌봄과 시장 의존도 높음	국가가 기본권 보장, 가족 · 시장 부담 완화
경제 패러다임	성장의 과실을 재분배	지속가능한 성장과 불평등 완화 동시 추구

출처 : 기본사회2050구상(2023) 재구성

이 표가 보여주는 것은 복지국가와 기본사회가 서로 다른 철학 위에서 설계되었다는 점이다. 복지국가는 성장이 이루어진 뒤 그 과실을 재분배하는 체계였던 반면, 기본사회는 성장 자체를 불평등 완화와 연계하려는 사회투자형 전략이다.

아래 그림은 두 체계의 위험 대응 구조를 시각화한 것이다.

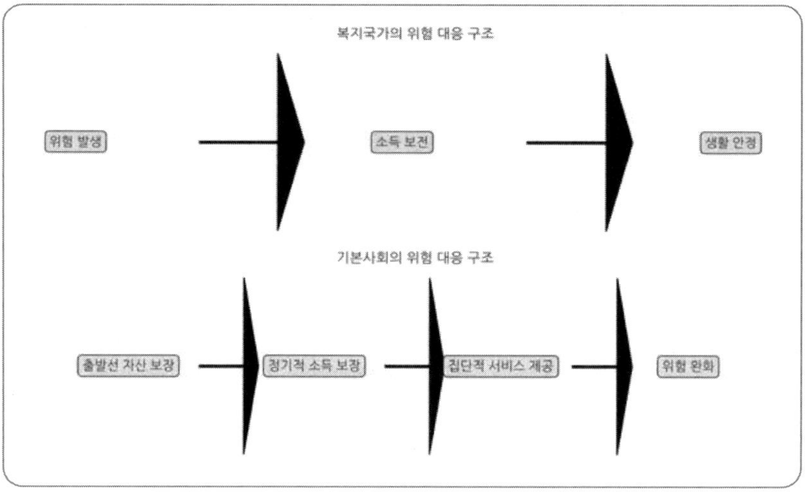

[그림 10-2] 복지국가와 기본사회의 위험 대응 구조

출처 : 기본사회2050구상(2023) 재구성

그림의 상단에 나타난 복지국가는 위험이 발생하면 소득을 보전하고 그 결과 생활 안정을 회복하는 구조이다. 이는 이미 발생한 위험을 전제로 하는 체계로, 불평등이 누적된 이후에 개입하는 방식이다. 반면 그림의 하단에 나타난 기본사회는 출발선 자산 보장, 정기적 소득 보장, 집단적 서비스 제공이라는 세 가지 장치를 통해 위험 자체를 줄이는 구조이다. 이는 위험을 사전에 완화하여 불평등이 고착화되기 전에 대응하는 예방적 안전망인 것이다.

이 비교가 의미하는 것은 단순하다. 복지국가는 "문제가 생기면 구제하는 체계"라면, 기본사회는 "문제가 발생하지 않도록 미리 보장하는 체계"라는 점이다. 이는 국가가 시민의 삶을 책임지는 방식이 사후적 보전에서 사전적 예방으로 전환되고 있음을 보여주는 사회계약의 새로운 원리인 것이다.

한국적 맥락과 전환 전략

한국의 복지국가는 몇 가지 뚜렷한 특수성을 가지고 있다. 첫째, 낮은 조세부담률이다. OECD 평균 조세부담률이 34~35% 수준인 데 비해, 한국은 여전히 27% 안팎에 머물고 있다(OECD, 2022). 이러한 낮은 조세부담률은 복지재정 확충의 구조적 제약이 되고 있다.

둘째, 가족의존적 복지체계이다. 한국은 오랫동안 가족을 복지의 최후 안전망으로 전제해 왔다. 노인 부양, 아동 돌봄, 청년 주거 지원까지 가족이 책임지는 구조가 강화되었고, 이로 인해 여성의 돌봄 부담과 세대 간 불평등이 심화되었다(기본사회2050 구상팀, 2023).

셋째, 자산 편중 사회이다. 소득 격차보다 자산 격차가 불평등을 설명하는 핵심 요인으로 자리 잡았다. 통계청 「가계금융복지조사」(2022)에 따르면, 소득 지니계수는 약 0.34였으나 자산 지니계수는 0.61에 달하였다(통계청 · 한국은행, 2022). 한국은 '소득 불평등 사회'가 아니라 '자산 불평등 사회'인 것이다.

아래 그림은 한국 사회의 사회보험 사각지대 규모를 보여준다.

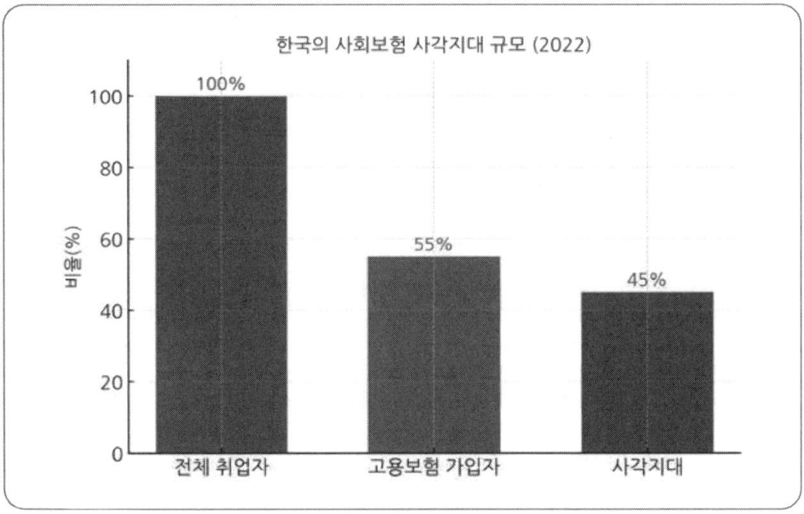

[그림 10-3] 한국의 사회보험 사각지대 규모 (2022)
출처 : 고용노동부 고용노동백서(2023), 국회예산정책처 대한민국 사회보험(2023) 재구성.

이 그림이 보여주는 것은 한국 사회에서 고용 기반 사회보험 체계가 상당한 한계를 드러내고 있다는 점이다. 전체 취업자의 절반 가까이가 고용보험에서 배제되어 있으며, 이는 복지국가 모델이 여전히 정규직 임금노동자 중심으로 설계되어 있다는 사실을 드러낸다.

이러한 맥락에서 한국에서는 이미 여러 대안적 시도가 등장하였다. 대표적인 것이 청년기본자산과 청년기본소득이다. 두 제도는 청년층이 직면한 불평등 구조와 불안정한 삶의 조건을 각각 다른 방식으로 보완하려는 시도다(불평등 연속포럼, 2021 ; 새로운 시작-세습사회와 청년기초자산, 2021).

청년기본자산과 청년기본소득의 주요 내용과 특징은 아래 표와 같다.

〈표 10-3〉 한국의 청년기본자산 · 기본소득 정책안 비교

구분	청년기본자산	청년기본소득
제안 주체	정의당, 일부 학자	경기도, 일부 지방정부
대상	만 18세 또는 20세 청년	만 24세 청년 (경기도)
지급 방식	일시금 (1천만~3천만 원)	정기 지급 (분기별 25만 원, 연 100만 원)
목적	출발선 자본 보장 (주거, 교육, 창업)	생활 안정 및 자율적 활용
특징	세습 불평등 완화 강조	보편성 · 무조건성 강조

출처 : 불평등 연속포럼(2021), 새로운 시작-세습사회와 청년기초자산(2021) 재구성.

청년기초자산은 부모의 자산 격차가 청년의 기회를 결정짓는 현실을 완화하려는 제도적 장치이고, 청년기본소득은 고용과 소득 불안정 속에서 청년에게 최소한의 자율성을 보장하려는 제도이다. 두 정책은 상호 대립하는 것이 아니라, 출발선의 평등과 생애 안정성을 각각 보완적으로 제공하는 관계이다.

한국 사회가 복지국가의 토대를 넘어 기본사회로 나아가기 위해서는 몇 가지 전략적 전환이 필요하다.

첫째, 법과 제도의 정비가 선행되어야 한다. 기본사회라는 새로운 비전을 단순한 구호가 아니라 제도적 틀로 정착시키기 위해, 「기본사회보장법(가칭)」을 제정하고 대통령 직속의 기본사회위원회를 설치할 필요가 있다. 이를 통해 중장기 계획을 수립하고, 부처 간 협력과 재정 배분의 우선순위를 조정하는 체계가 마련되어야 한다.

둘째, 전환의 성패는 재원 마련의 안정성에 달려 있다. 기존의 일반 조세만으로는 고령화와 불평등 확대에 대응하기 어렵기 때문에, 새로운 공유부 과세를 적극적으로 도입할 필요가 있다. 탄소 배출에 부과하는 탄소세는 기후위기 대응과 동시에 재정 확보를 가능하게 하며, 국토보유세는 부동산 불평등을 완화하는 수단이 될 수 있다. 또한 4차 산업혁명 시대에는 데이터와 자동화가 새로운 자원으로 기능하는 만큼, 데이터세·로봇세와 같은 디지털 과세를 통해 미래세대까지 지속가능한 재원을 확보해야 한다.

셋째, 사회보험 체계의 근본적 전환이 요구된다. 한국의 사회보험은 여전히 정규직 임금노동자 중심의 고용 기반 구조에 묶여 있다. 그러나 노동시장은 플랫폼 노동자, 프리랜서, 자영업자 등 비정형 고용이 급증하는 방향으로 변화하고 있다. 따라서 사회보험을 고용 기반이 아닌 소득 기반 체계로 전환해야 한다. 이를 통해 모든 형태의 소득을 가진 사람들이 보험료를 납부하고, 위험 발생 시 보호를 받을 수 있도록 함으로써 사각지대를 줄일 수 있다.

기본사회에서의 사회보험 개편은 요약하면 자격은 '개인 단일'로, 부과 · 징수는 '소득기반 · 원천징수'로, 급여체계는 '고용형태 중립'으로 바꾸는 일이다. 이렇게 해야 정규직 · 비정규직 · 플랫폼 · 프리랜서 · 자영업 · 단시간 · 다중고용을 가리지 않고 "소득이 발생하는 모든 순간에 자동으로 보험이 작동"한다. 이 방향은 이미 기본사회 설계 논의에서 핵심으로 제시돼 왔고(직장/지역 구분을 없애고, 모든 소득지급자가 지급 시점에 보험료를 원천징수해 월 단위로 국세청에 통합 제출, 개인별로 합산 · 정산하는 체계), 그 근거는 한국의 복지 선호를 설명하는 '보험욕구'에도 있다. 즉, 한국에서는 노동시장 충격과 소득상실 위험이 클수록 중산층까지 위험공유(사회보험)를 강하게 선호한다는 점이 실증적으로 확인되어 왔다.

왜 '개인 단일 자격 + 소득기반'인가

오늘의 소득은 상용임금만이 아니다. 근로 · 사업 · 기타 소득이 한 개인에게 동시에, 파편적으로, 월별로 변동한다. 자격이 직장/지역으로 쪼개져 있고 신고 · 정산이 연 단위인 제도로는 '누락 · 사각 · 단절'이 구조적으로 생긴다. 반대로, 자격을 개인으로 단일화하고 모든 소득에 동일한 보험료율을 적용하여 지급 시점 원천징수 → 월별 국세청 통합 신고 → 사회보험공단의 실시간 합산 · 정산 체계를 갖추면, 소득이 있는 모든 국민이 자동으로 가입 · 적용된다. 이렇게 하면 플랫폼 · 프리랜서 · 자영업은 물론 다중고용·단시간도 끊김 없이 포괄된다(기본사회 2050 구상팀, 2023 ; 국회예산정책처, 2024). 관련 정책 구상은 기본사회 문서의 사회보험 개혁 파트에서 제시되어 왔다.

급여체계의 중립성과 '보험 크레딧'

급여 산정도 고용형태와 상관없이 표준화된 과세소득(월/연평균)을 공통 분모로 쓴다. 다만 생애 주기에 따라 소득이 '제로'가 되는 구간(무급 돌봄·실직·질병·출산·학업 등)을 그대로 두면, 개인 단일 자격이라도 연금·건보·요양의 가입기간이 끊기고 급여권이 약화된다. 그래서 보험 크레딧이 필요하다. 국가가 보험료를 대신 내주고 가입기간을 인정하는 장치를 표준화하면, 자격 단절 없는 경력·생애 설계가 가능하다. 이런 설계는 한국 복지국가의 대중적 지지 기반—특히 중산층의 위험 회피(보험) 욕구—와도 부합한다.

제도별 적용 : '전환'을 당기는 사회보험

건강보험은 직장/지역 이원제를 폐지하고 개인 단일 자격으로 통합한다. 모든 소득에 동일 요율을 적용하되, 저소득층에는 보험료 세액공제·환급(슬라이딩 크레딧)을, 고소득층에는 상한과 일반회계 연대부담을 결합해 수직·수평 형평을 맞춘다.

재정과 형평 : '보편가입'과 '누진부담'의 결합

소득기반 전환은 포괄률 · 징수율을 높여 보험재정의 예측가능성을 키운다. 하지만 저소득층의 순부담 문제는 남는다. 해법은 보험료의 세액공제 · 환급(슬라이딩 크레딧)과 국고의 하한급여 보조, 그리고 고소득층 상한 · 연대부담의 적절한 조합이다. 한편, 한국의 복지정치는 인플레이션형 조세 재분배보다 위험공유(보험) 장치에서 더 넓은 지지를 얻는다. 이는 자산 · 소득 상호작용이 복지선호를 규정한다는 실증과도 부합한다. 자산이 축적될수록 공적 연대에 대한 선호가 약화될 수 있다는 경고는, 사회보험을 촘촘히 해서 사적 헤징(hedging)만으로는 대체되지 않도록 만드는 것이 핵심임을 일깨운다.

정리하면, 기본사회에서 사회보험은 '고용'이 아니라 '소득'에 자동 접속되고, 자격은 개인에게 일원화되며, 위험은 생애 전반을 따라 연속적으로 공유되도록 설계되어야 한다. 그럴 때 한국 복지국가가 기대는 대중적 지지의 실체 — 보험욕구를 제도적으로 수용하면서, 플랫폼화 · 파편화된 소득 구조 속에서도 보편적 안전망이 끊김 없이 작동한다(이철승 외, 2018 ; 국회예산정책처, 2024 ; 기본사회2050 구상팀, 2023).

결국 복지국가와 기본사회는 대체재가 아니라 보완재이다. 복지국가가 20세기 사회계약의 기본모델이었다면, 기본사회는 21세기의 새로운 위험에 대응하는 보완적 모델이다. 따라서 한국 사회는 복지국가의 성과를 계승하면서 그 위에 기본사회의 세 기둥을 세워야 한다(기본사회2050 구상팀, 2023). 이는 “복지국가의 토대 위에 기본사회를 세워야 한다”는 관점으로 요약될 수 있다. 복지국가가 성취한 소득 보장과 사회적 연대의 성과를 인정하면서도, 자산 세습 구조와 새로운 사회적 위험에 대응하기 위해서는 기본자산, 기본소득, 기본서비스가 반드시 필요하다. 이러한 논의는 이어지는 제11장의 재원 마련 문제, 제12장의 보편성 원칙과 긴밀히 연결된다. 새로운 사회계약은 복지국가의 성과를 계승하면서도 기본사회를 통해 21세기형 희망을 제시하는 체제인 것이다.

제 11 장

재원은 어떻게 마련할 것인가?

복지국가 재정의 한계와 새로운 재원 필요성

한국 사회에서 복지 재정은 오랫동안 구조적 한계에 직면해 왔다. 전후 산업화 과정에서 복지국가의 제도가 도입되었지만, 그 재정은 다른 선진국에 비해 상대적으로 협소하였다. OECD 평균 조세부담률이 약 30% 수준인데 비해, 한국은 여전히 20% 안팎에 머물러 있다. 이러한 낮은 조세부담률은 복지지출을 OECD 평균의 절반에도 미치지 못하는 수준에 머물게 만들었고, 복지 확대를 요구하는 사회적 수요와 재정의 현실 사이에 깊은 간극을 낳았다(OECD, 2022).

재정의 취약성은 단순한 숫자의 문제가 아니라 사회적 합의의 문제이기도 하다. 고도성장기에 구축된 한국의 조세 체계는 경제 활성화를 우선시하면서도 복지지출을 최소화하는 방향으로 설계되었다. 결과적으로 복지 재정은 경기 변동과 정치적 변화를 크게 타는 구조가 되었고, 장기적이고 안정적인 사회적 투자보다는 단기적이고 선별적인 지원에 치중하게 되었다. 특히 저출산 · 고령화가 빠르게 진행되는 지금, 기존의 재정 구조로는 늘어나는 연금 · 의료 · 돌봄 수요를 감당하기 어렵다(기본사회2050 구상팀, 2023). 복지국가 모델의 재정적 지속가능성이 흔들리고 있는 것이다.

이제 한국 사회는 단순히 기존 제도의 범위를 조금 넓히는 수준을 넘어, 새로운 재원 마련의 패러다임을 고민해야 하는 시점에 와 있다. 기본사회라는 새로운 사회계약을 설계하기 위해서는 단순한 소득 재분배 차원을 넘어, 자산과 환경, 디지털 영역에서 발생하는 부의 원천을 사회적으로 환수하는 장치가 필요하다(유영성 외, 2021 ; 기본사회2050 구상팀, 2023). 이는 단순히 예산을 더 걷는 문제가 아니라, 부와 자원의 배분 원칙 자체를 재구성하는 문제이다. 예컨대 탄소 배출에 대한 과세는 기후위기 대응과 동시에 새로운 재정을 창출할 수 있으며, 국토보유세는 부동산 자산 불평등을 완화하는 동시에 공공재원을 확충할 수 있다. 또 데이터와 인공지능이 부가가치의 핵심이 되는 시대에는 데이터세 · 로봇세와 같은 디지털 과세가 미래 세대를 위한 지속가능한 재정 기반을 마련하는 역할을 할 수 있다(기본사회2050 구상팀, 2023).

이처럼 새로운 재원 마련의 필요성은 단순히 복지 확대를 위한 재정 확보가 아니라, 21세기형 불평등에 대응하기 위한 사회적 분담 원리의 재설계라는 점에서 의미가 크다. 기존 복지국가의 재정이 산업사회 위험에 맞추어져 있었다면, 기본사회를 위한 재정은 기후위기, 디지털 전환, 자산 세습 등 새로운 위험 구조에 대응할 수 있는 공유부 과세로 전환되어야 한다(유영성 외, 2021 ; 기본사회2050 구상팀, 2023).

주요 재원 마련 방안과 세수 효과

한국 사회가 기본사회로 전환하기 위해 필요한 재원은 단순히 기존 조세를 조금 늘리는 방식으로는 감당하기 어렵다. 따라서 새로운 형태의 과세, 즉 공유부 과세가 필요하다는 주장이 힘을 얻고 있다(유영성 외, 2021). 공유부 과세란 사회 전체가 함께 만들어 낸 부를 특정 개인이나 집단이 독점하지 않고, 일정 부분을 사회 전체에 환원하도록 설계된 제도이다. 대표적인 예로 탄소세, 국토보유세, 디지털세를 들 수 있다(기본사회2050 구상팀, 2023).

탄소세는 기후위기 대응과 동시에 재정 확충을 가능하게 한다. 한국의 온실가스 배출량은 2021년 기준 약 6억 톤이었는데, IMF 권고 수준의 탄소세(톤당 50달러)를 부과할 경우 연간 약 30조 원 이상의 세수를 확보할 수 있다는 분석이 있다(한국조세재정연구원, 2022 ; 유영성 외, 2021). 국토보유세는 부동산 불평등 완화와 재원 마련을 동시에 겨냥한다. 상위 10%가 전체 토지의 60% 이상을 보유하고 있는 현실에서, 국토보유세는 토지에서 발생하는 불로소득을 사회적으로 환수하는 장치가 될 수 있다.

디지털세 역시 중요하다. 데이터와 알고리즘, 인공지능이 부의 핵심 원천이 된 시대에, 글로벌 플랫폼 기업이나 대규모 자동화를 활용하는 기업에 디지털세·로봇세를 부과하는 것은 새로운 자원 분배 원리를 만드는 과정이다(유영성 외, 2021).

아래 표는 주요 재원 마련 방안과 예상 세수를 비교한 것이다.

〈표 11-1〉 주요 재원 마련 방안과 예상 세수 (예시 추정치)

재원 항목	과세 기준	예상 세수	특징
탄소세	온실가스 배출량(6억 톤) × 톤당 50달러	약 30조 원	기후위기 대응과 재정 확보 병행
국토보유세	토지 공시지가 총액의 일정 비율	약 15조 원	부동산 불평등 완화, 불로소득 환수
디지털세	글로벌 플랫폼 · 로봇 자동화 매출	약 10조 원	데이터 · AI 등 신자원 과세
조세감면 축소	비과세 · 감면 항목 축소	약 5조 원	조세 형평성 제고

출처 : 한국조세재정연구원(2022), 경기연구원(2021) 재구성

이 표가 보여주는 것은, 새로운 과세 체계를 통해 연간 60조 원 안팎의 재원을 확보할 수 있다는 점이다. 이는 단순히 세수를 늘리는 차원이 아니라, 기후위기 대응, 부동산 불평등 완화, 디지털 경제 과세 체계 확립이라는 구조적 개혁을 동반한다는 데 의의가 있다.

국제 비교와 한국 적용 가능성

복지국가와 기본사회의 재원 문제는 특정 국가에만 국한된 것이 아니라 국제적으로 공유되는 과제이다. 여러 나라의 경험은 한국이 어떤 방향으로 나아가야 하는지를 가늠하게 해준다.

핀란드와 덴마크를 비롯한 북유럽 국가는 높은 조세부담률에도 불구하고 시민적 지지를 확보해 온 대표적인 사례이다. 이들 국가는 조세부담률이 국내총생산 대비 40%를 상회하지만, 국민 다수가 이를 받아들인다. 그 이유는 세금이 곧바로 교육, 의료, 보육, 주거 지원 같은 보편적 복지로 환원되기 때문이다(OECD, 2022). 즉, 높은 조세부담이 단순한 부담으로 인식되는 것이 아니라 삶의 질을 높이는 사회적 투자로 받아들여지고 있는 것이다.

프랑스의 경험은 또 다른 시사점을 준다. 프랑스는 오랫동안 부유세를 유지해 왔으며, 상위 자산가에게 연간 순자산에 따라 세금을 부과하였다. 비록 최근 들어 제도의 일부가 조정되었지만, 자산세와 상속세의 강화는 여전히 사회적 연대의 장치로 작동하고 있다. 이러한 경험은 한국 사회에서 부동산과 금융자산의 집중을 완화하기 위해 국토보유세나 누진적 상속세를 활용할 수 있다는 가능성을 보여준다.

캐나다와 호주는 탄소세를 도입하여 기후위기 대응과 재원 마련을 동시에 추구하였다. 특히 캐나다는 탄소세 수입의 일부를 '기후 배당금' 형태로 시민에게 환급함으로써 조세저항을 최소화했다. 이는 탄소세가 단순한 환경 규제가 아니라, 사회 전체의 지속가능성을 위한 투자라는 점을 시민이 직접 체감하도록 만든 제도적 설계였다(기본사회2050 구상팀, 2023).

한국이 기본사회로 전환하기 위해서는 조세부담률 자체를 높이는 것뿐 아니라, 조세와 복지 사이의 선순환 구조에 대한 신뢰를 확립하는 것이 필요하다.

국제 비교가 주는 교훈은 명확하다. 높은 조세부담률도 사회적 신뢰와 제도적 투명성이 뒷받침되면 시민적 지지를 확보할 수 있다. 자산세와 환경세 같은 공유부 과세는 불평등을 완화하면서도 지속가능한 사회적 전환을 위한 재원으로 작동할 수 있다(OECD, 2022 ; 기본사회2050 구상팀, 2023). 따라서 한국 사회가 나아가야 할 방향은 단순한 세율 인상이나 단기적 재정 보완이 아니라, 조세 · 재정 체계 전반을 새로운 사회계약에 맞게 재구성하는 것이다.

재원 마련은 기술적 문제가 아니라 사회계약의 핵심

재원 문제는 흔히 경제학적 기술 문제로만 다뤄지곤 한다. 세금을 어디서 얼마나 더 걷고, 어떤 항목에서 지출을 줄일 것인가라는 식의 계산으로 접근되는 경우가 많다. 그러나 기본사회의 재원 문제는 단순한 재정기술의 차원이 아니라, 사회계약을 새롭게 구성하는 핵심 과제이다.

복지국가는 산업사회의 위험을 분담하기 위해 임금노동자를 중심으로 한 사회보험과 누진적 조세 체계를 구축하였다. 하지만 21세기의 위험은 성격이 다르다. 기후위기, 자산 세습, 디지털 불평등은 개인의 노력이나 전통적 제도만으로 해결할 수 없는 구조적 문제이다. 따라서 재원의 성격도 바뀌어야 한다(기본사회2050 구상팀, 2023). 새로운 세원은 불평등을 완화하고, 위험을 예방하며, 사회적 연대를 강화하는 원리 위에서 설계되어야 한다.

탄소세와 국토보유세는 단순히 세수를 늘리는 장치가 아니라, 각각 기후위기와 부동산 불평등이라는 구조적 문제를 해결하기 위한 사회적 신호체계이다. 디지털세와 로봇세는 새로운 경제 질서 속에서 발생하는 부를 공유하기 위한 제도적 장치이다. 이처럼 재원은 사회의 미래 방향을 결정짓는 나침반과 같은 성격을 갖는다.

결국 재원 마련은 "얼마나 걷느냐"의 문제가 아니라 "어떻게 걷고 어디에 쓰느냐"의 문제이다. 세금을 단순한 부담으로 인식하게 할 것인지, 아니면 공동체의 지속가능성을 위한 투자로 받아들이게 할 것인지는 제도의 설계와 사회적 합의에 달려 있다. 기본사회가 제시하는 새로운 사회계약은 바로 이러한 전환을 요구한다(기본사회2050 구상팀, 2023).

따라서 재원 마련은 기술적 문제가 아니라 사회계약의 핵심이다. 조세와 재정의 구조를 어떻게 재편할 것인가는 곧 우리가 어떤 사회를 만들고자 하는가라는 질문과 맞닿아 있다. 한국 사회가 복지국가의 성과를 계승하면서도 기본사회를 향해 나아가기 위해서는, 재원을 둘러싼 사회적 합의를 새로운 수준으로 끌어올려야 한다. 그것은 단순한 재정 조정이 아니라, 21세기형 사회계약을 현실화하는 과정인 것이다.

제 12 장

보편성의 원칙과 논쟁

보편성의 원칙은 기본사회 논의에서 가장 중요한 쟁점 가운데 하나이다. 기존 복지국가는 선별적 제도와 보편적 제도가 혼재된 형태였지만, 여전히 소득조사와 자격 요건을 전제로 한 선별성이 강하게 작동하였다. 국민기초생활보장제도나 의료급여, 각종 공공부조가 그 대표적 사례였다. 이러한 제도는 빈곤층을 직접적으로 지원한다는 점에서 효과적이었지만, 동시에 수급자 낙인과 사각지대를 낳았다. 지원이 필요한 사람들이 실제로는 제도의 문턱에 걸려 배제되는 경우가 많았고, 사회적 불신과 불평등을 강화하는 결과를 가져오기도 했다(유영성 외, 2021).

기본사회가 강조하는 보편성은 이러한 한계를 극복하려는 시도이다. 모든 시민에게 기본적인 자산, 소득, 서비스를 조건 없이 제공하는 원리는 사각지대를 줄이고, 행정비용을 절감하며, 사회적 신뢰를 높이는 효과를 기대할 수 있다(유영성 외, 2021 ; 기본사회2050 구상팀, 2023). 코로나19 시기에 지급된 긴급재난지원금은 그 단적인 사례였다. 누구에게나 동일하게 지급된 지원금은 빠르게 집행되었고, 특정 집단만을 대상으로 하는 선별 지원에서 나타나던 갈등과 불만을 크게 줄였다. 이 경험은 한국 사회가 보편성의 원리를 도입할 때 어떤 효과를 얻을 수 있는지를 잘 보여주었다(기본사회2050 구상팀, 2023).

그러나 보편성 원칙을 둘러싼 논쟁은 여전히 뜨겁다. 반대론자들은 제한된 재원을 모든 사람에게 나누어주면 효과가 분산되고, 정말 필요한 사람에게 충분한 지원이 돌아가지 않는다고 주장한다. 소위 '빈익빈 부익부'를 막으려면 저소득층과 취약계층에 집중해야 한다는 것이다. 이에 반해 찬성론자들은 선별적 지원이야말로 행정비용과 사각지대를 양산하고, 낙인을 강화한다고 반박한다. 모두에게 동일하게 제공되는 제도일 때에만 제도가 권리로 받아들여지고 사회적 신뢰가 유지된다는 논리이다(Coote & Percy, 2020 ; Gough, 2019, 2020).

아래 표는 보편성과 선별성의 차이를 정리한 것이다.

〈표 12-1〉 보편성과 선별성의 비교

구분	보편성 원칙	선별성 원칙
지급 기준	시민권에 기초, 모든 사람에게 동일	소득조사 · 자격 요건에 따라 제한
행정 비용	낮음, 간단한 절차	높음, 복잡한 심사 필요
사각지대	최소화	빈번히 발생
낙인 효과	없음, 권리로 인식	강함, 시혜로 인식
효과성	사회적 신뢰와 연대 강화	취약계층 집중 지원 가능

출처 : 기본사회2050 구상팀(2023) 재구성

이 비교가 보여주는 것은 보편성과 선별성이 각기 장단점을 지니고 있다는 점이다. 보편성은 사회적 신뢰와 연대를 강화하는 효과가 크지만, 재원 부담이 커진다. 선별성은 재원을 집중할 수 있지만, 그 과정에서 낙인과 배제가 발생한다. 따라서 실제 정책 설계에서는 두 원칙을 조화롭게 결합하는 전략이 필요하다. 예컨대 기본소득이나 기본서비스 같은 제도는 보편성을 원칙으로 하고, 기초생활보장제도 같은 공공부조는 선별적으로 운영함으로써 사회적 안전망의 이중 구조를 만드는 것이다 (Coote & Percy, 2020 ; 유영성 외, 2021).

아래 그림은 한국 사회에서 기본소득 도입 시 소득분위별 순효과를 가정한 시뮬레이션 예시이다.

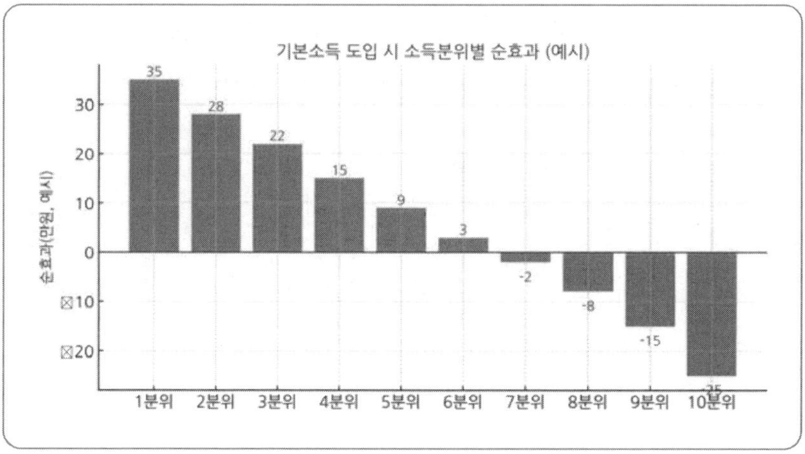

[그림 12-1] 기본소득 도입 시 소득분위별 순효과 (예시)

출처 : 한국조세재정연구원(2021) 재구성

이 그림은 상위 소득계층이 납부하는 세금보다 적은 기본소득을 받기 때문에 순부담자가 되는 반면, 하위 소득계층은 세금보다 더 많은 기본소득을 받아 순수혜자가 되는 구조를 보여준다. 즉, 모두에게 동일한 급여가 지급되더라도 결과적으로는 불평등을 완화하는 재분배 효과가 나타나는 것이다(한국조세재정연구원, 2021).

결국 보편성 논쟁은 단순히 행정의 효율성 문제가 아니라, 사회가 어떤 권리를 모든 구성원에게 인정할 것인가라는 질문과 직결된다. 복지국가가 자격과 조건을 중심으로 한 제한적 권리를 설계했다면, 기본사회는 인간다운 삶을 영위하기 위해 필요한 최소한의 자원은 누구나 조건 없이 누려야 할 권리라는 관점을 제시한다. 보편성의 원칙은 새로운 사회계약의 토대이며, 불평등 시대의 연대와 신뢰를 재구성하는 핵심 열쇠인 것이다(IGP, 2017 ; Labour Party, 2019 ; 기본사회2050 구상팀, 2023).

제 5 부

한국적 적용과 미래 전망

제 13 장

정치와 기본사회

정치와 기본사회의 관계는 단순히 제도의 설계 차원을 넘어선다. 기본사회는 경제적·사회적 조건을 보장하는 장치이지만, 그것이 실제로 작동하려면 정치적 동력과 합의가 반드시 뒷받침되어야 한다. 복지국가가 산업화와 민주화의 산물이었다면, 기본사회는 불평등 시대에 걸맞은 새로운 사회계약으로서 정치적으로 형성되고 제도화되어야 하는 것이다(기본사회2050 구상팀, 2023).

한국의 정치 지형은 이 과제를 둘러싸고 복잡한 긴장을 드러내 왔다. 한편에서는 보편적 권리를 강조하며 기본소득, 기본자산, 기본서비스를 주요 공약으로 제시하는 흐름이 있었고, 다른 한편에서는 재정 부담과 '포퓰리즘' 논란을 제기하며 이를 비판하는 흐름이 존재했다. 논쟁은 단순한 재원 조달의 문제가 아니라, 국가와 시민의 관계를 어떻게 정의할 것인가라는 근본적 질문으로 이어졌다(유영성 외, 2021 ; 기본사회2050 구상팀, 2023).

코로나19 시기 긴급재난지원금 지급 과정은 정치와 기본사회의 관계를 잘 보여주는 사례였다. 처음에는 선별 지급 방식을 두고 논쟁이 치열했으나, 사회적 갈등이 증폭되자 결국 전 국민에게 보편적으로 지급하는 방향으로 합의가 이루어졌다. 이 결정은 행정 효율성과 정치적 수용성 모두에서 효과적이었으며, 보편적 지급이 사회적 연대를 강화하고 갈등을 완화했다는 사실은 정치가 기본사회의 원리를 제도화하는 과정에서 얼마나 중요한 역할을 하는지를 분명히 보여준다(기본사회2050 구상팀, 2023).

정당정치의 영역에서도 기본사회 의제는 점차 확산되었다. 정의당은 청년사회상속제와 청년기초자산제를 선도적으로 제기했고, 민주당 일부 의원들은 기본소득과 기본자산을 공약화했다. 반면 보수 정당은 재원 문제와 근로 의욕 약화를 우려하

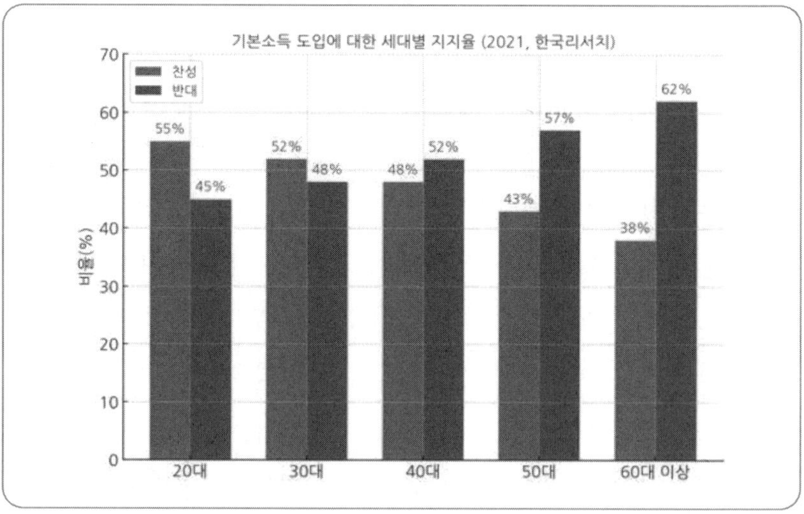

[그림 13-1] 기본소득 도입에 대한 세대별 지지율

출처 : 한국리서치, 「기본소득에 대한 국민 여론조사」(2021) 재구성.

며 여전히 비판적인 태도를 유지했다(유영성 외, 2021).

이 과정에서 세대별 여론조사 결과는 흥미로운 대조를 드러냈다. [그림 13-1]은 한국리서치가 2021년에 실시한 기본소득 도입 여론조사를 재구성한 것이다.

이 그림에서 보듯, 20대(55%)와 30대(52%)는 과반 이상이 기본소득 도입에 찬성했다(한국리서치, 2021). 이는 청년층이 불안정한 노동시장과 주거 · 자산 격차 속에서 기본소득을 안전망이자 기회 보장의 장치로 인식하고 있기 때문이다. 40대는 찬반이 48% 대 52%로 팽팽하게 갈렸는데, 이는 이 세대 내부의 사회경제적 위치가 크게 분화되어 있음을 반영한다. 반면 50대는 찬성이 43%에 그쳐 반대(57%)가 더 많았고, 60대 이상에서는 찬성 38%, 반대 62%로 기본소득에 대해 가장 비판적인 태도를 보였다(한국리서치, 2021). 이 연령층은 이미 국민연금이나 기초연금 등 기존 사회보장제도의 수혜자이기 때문에 새로운 제도보다는 현행 제도의 안정성을 더 중시하는 경향이 강했다.

이 수치가 의미하는 바는 단순한 찬반 비율의 차이가 아니다. 그것은 한국 사회에서 세대별 삶의 조건과 경험이 기본소득에 대한 태도를 규정한다는 사실이다. 청년층에게 기본소득은 불평등 구조를 완화하고 출발선의 공정성을 보장하는 사회계약으로 읽히는 반면, 고령층에게는 기존 제도의 지속가능성을 위협할 수 있는 불확실한 시도로 비춰진다(한국리서치, 2021 ; 기본사회 2050 구상팀, 2023). 정치적으로 이 차이는 한국 사회에서 세대 균열이 새로운 정책 균열선으로 작동하고 있음을 보여준다. 따라서 기본소득을 둘러싼 논의는 단순한 찬반 구도를 넘어, 청년 세대의 절실함과 고령 세대의 안정성 추구라는 가치 충돌 속에서 이해되어야 한다.

정치적 맥락에서 또 하나 중요한 요소는 지방정부의 역할이다. 경기도의 청년기본소득, 전남 신안군의 햇빛연금, 연천군의 농어촌 기본소득 실험은 중앙정부 차원에서 합의되지 않은 기본사회 의제를 지방정부가 실험하면서 전국적 논의로 확산시킨 대표적 사례였다(경기도, 2019 ; 신안군청, 2018~2023 ; 경기도 · 연천군, 2021). 이는 정치적 합의가 중앙에서만 만들어지는 것이 아니라, 지방에서의 실험과 확산을 통해 상향식으로 형성될 수 있음을 보여준다.

결국 정치와 기본사회의 관계는 대립이 아니라 상호 의존적이다. 기본사회는 정치적 결단과 제도화를 통해 현실화될 수 있으며, 정치는 기본사회의 원리를 통해 새로운 사회적 신뢰를 확보할 수 있다(기본사회2050 구상팀, 2023). 한국 정치가 기본사회를 단순한 정책 아이템이 아니라 불평등 시대의 새로운 사회계약으로 인식하고 제도화할 때, 정치와 시민의 관계는 다시 신뢰 위에 세워질 수 있을 것이다.

제 14 장

지역 기반 실험

경기도 청년배당

경기도 청년배당은 한국 사회에서 기본소득 논의를 본격적으로 공론화한 대표적인 정책 실험으로 꼽힌다. 이 제도는 2016년 성남시에서 처음 시작되어 이후 경기도 전역으로 확산되었다. 당시 성남시는 만 24세 청년 모두에게 분기별 25만 원, 연간 100만 원을 조건 없이 지급했는데, 이러한 시도는 기존의 복지 제도와는 전혀 다른 접근이었다. 청년이라는 특정 연령층을 보편적 대상으로 삼아 자산 심사나 근로 요건을 두지 않았다는 점에서 '권리로서의 소득 보장'을 처음 제도화한 사례였기 때문이다(경기도, 2019).

청년 세대는 학업, 취업, 주거라는 생애주기의 중요한 문턱 앞에서 부모의 자산 유무에 따라 기회가 갈리는 현실에 직면해 있다. '부모 찬스'라는 말은 이러한 불평등을 상징적으로 드러낸다. 성남시와 경기도가 청년배당을 실시한 것은 바로 이 불평등의 출발선을 완화하려는 목적에서였다. 하지만 정책이 처음 시행되었을 때는 "단순한 현금 살포가 청년 문제 해결에 도움이 될 수 있겠느냐"는 회의적 시각이 적지 않았다. 청년의 삶이 실제로 개선되었는지, 지역경제 활성화 효과가 있었는지에 대한 검증이 필요했다.

경기도는 2019년 청년기본소득 효과 조사를 통해 이러한 의문에 답하고자 했다. 조사 결과, 수혜 청년 가운데 65%가 삶의 만족도가 높아졌다고 응답했다(경기도, 2019). 반면 30%는 큰 변화를 느끼지 못했고, 5%는 불만족이 오히려 증가했다고 답했다(경기도, 2019). 또한 정책 시행 이후 지역화폐 결제액이 급격히 증가해 지역 상권의 매출 증대에 기여한 것으로 나타났다(경기도, 2019). 이는 정책의 효과가 개인 차원의 만족에 그치지 않고 지역경제 차원으로 확산되었음을 보여준다.

조건 없는 지급은 수혜자를 구분하거나 낙인을 찍지 않는다는 점에서 정책 수용성을 높였고, 지역화폐라는 지급 방식은 소비가 대형 온라인 플랫폼이나 외부로 빠져나가지 않고 동네 가게와 전통시장에서 순환되도록 만들었다. 금액 규모가 크지 않았음에도 불구하고 정기적으로 제공된다는 점은 청년들에게 심리적 안전망이자 자율적 선택의 기회를 열어 주었다(경기도, 2019).

경기도 청년배당은 청년층의 삶에 어떤 변화를 가져왔는지를 확인하기 위해, 2019년 경기도가 효과 조사를 실시하였다. 조사 결과는 단순한 통계 수치를 넘어, 기본소득이 실제로 개인의 삶과 지역 공동체에 미치는 영향을 가늠할 수 있게 해주었다(경기도, 2019). 그 결과는 아래 그림과 같다.

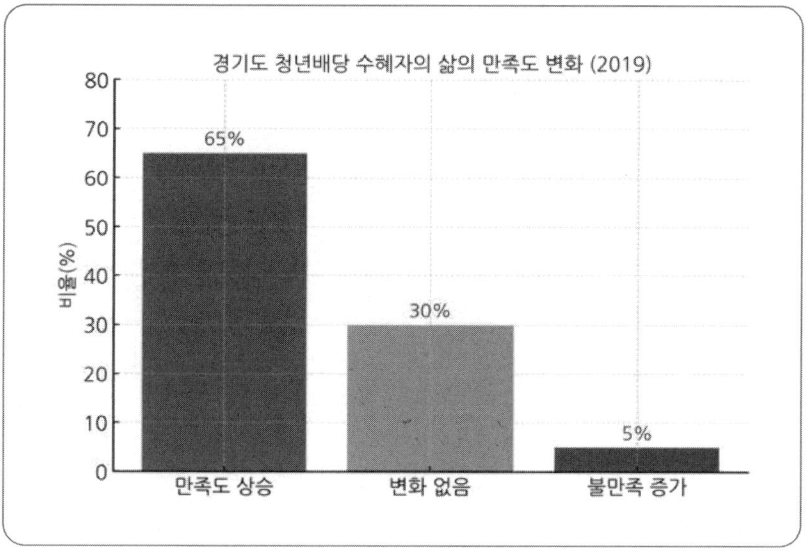

[그림 14-1] 경기도 청년배당 수혜자의 삶의 만족도 변화 (경기도, 2019)

출처 : 경기도(2019) 「청년기본소득 효과 조사」 재구성.

이 수치가 의미하는 바는 단순히 응답자의 다수가 만족했다는 결과를 넘어선다. 청년배당은 제한된 금액임에도 불구하고 청년들의 심리적 안정과 지역경제 활성화라는 두 마리 토끼를 동시에 잡을 수 있음을 보여주었다(경기도, 2019). 30%가 변화를 체감하지 못했다고 답한 것은 제도의 규모적 한계와 관련이 있으며, 향후 정책 설계에서 보완해야 할 지점이다. 그럼에도 불구하고 이 실험은 한국 사회에서 기본소득이 공허한 담론이 아니라 실제로 개인의 삶과 지역 공동체에 변화를 가져올 수 있다는 사실을 입증한 중요한 출발점이 되었다.

전남 신안군 햇빛연금

신안군의 햇빛연금은 한국형 기본소득 논의 속에서 '에너지 공유부 배당'의 대표적인 지역 실험으로 평가된다. 이 제도는 신안군이 가진 천혜의 자연자원, 특히 풍부한 일조량과 광활한 갯벌 · 해상 공간을 활용한 재생에너지 발전 사업에서 비롯되었다. 신안군은 2018년부터 대규모 태양광 · 풍력 발전 단지를 조성하면서, 그 수익을 지역 주민들과 나누는 방식으로 '햇빛연금'을 도입하였다(신안군청, 2018~2023).

햇빛연금의 기본구상은 단순하다. 태양광 발전소에서 발생하는 이익을 군민들에게 배당하는 것이다. 주민들은 토지 임대와 발전소 수익 배당을 통해 매월 일정액의 소득을 얻게 되며, 이는 일종의 지역형 기본소득으로 기능한다. 특히 신안군은 발전 사업을 추진하면서 '주민 우선 참여 원칙'을 도입하여, 주민이 직접 투자에 참여하거나 토지를 임대할 경우 안정적인 장기 수익을 확보할 수 있도록 했다. 그 결과 신안군민 다수가 연간 수백만 원의 추가 소득을 얻고 있으며, 일부 주민은 매월 수십만 원 규모의 연금을 받게 되었다(신안군청, 2018~2023).

햇빛연금은 단순한 에너지 개발 사업이 아니라 몇 가지 측면에서 중요한 사회적 의미를 지닌다. 첫째, 공유부 배당의 지역적 모델을 제시했다는 점이다. 토지와 햇빛은 모두 공동체가 공유하는 자원인데, 이를 지역 주민의 권리로 재분배한 것이다. 둘째, 에너지 전환과 지역경제 활성화의 결합을 보여주었다. 신안군은 고령화·인구 감소로 위기를 겪던 지역에서 새로운 재생에너지 산업을 통해 일자리를 만들고, 주민 소득을 증대시켜 지역 소멸 문제에 대응했다. 셋째, 탄소중립 시대의 새로운 복지모델로 주목받았다. 태양광·풍력에서 발생하는 수익을 단순히 기업 이익으로 환원하지 않고, 지역 주민들에게 분배함으로써 '기후 정의'와 '경제 민주주의'를 동시에 실현하려는 시도였다.

그러나 햇빛연금 역시 논쟁에서 자유롭지 않다. 일부에서는 발전 시설이 경관 훼손과 환경 파괴를 유발한다는 비판이 제기되었고, 투자 수익 구조가 복잡하여 일부 주민만 혜택을 보는 것이 아니냐는 우려도 있었다. 또한 중앙정부 차원에서 제도화되지 않은 상태이기 때문에 정책의 지속성과 확대 가능성에 한계가 있다는 지적도 존재한다(신안군청, 2018~2023).

그럼에도 불구하고 신안군 햇빛연금은 한국적 맥락에서 재생에너지 기반 공유부 배당 실험이라는 점에서 큰 의미를 지닌다. 이는 단순히 에너지 산업의 전환을 넘어, 지역 주민 모두가 공공자원의 주체로서 권리를 갖고 소득을 나누는 새로운 복지모델을 보여주었다. 더 나아가 햇빛연금은 한국에서 기본소득을 실현하는 한 가지 구체적인 방식이 될 수 있음을 입증한 사례로 남게 될 것이다.

경기도 연천군 농어촌 기본소득

경기도 연천군에서 시행된 농어촌 기본소득 실험은 한국에서 농촌 지역 주민 전체를 대상으로 한 최초의 보편적 기본소득 실험이라는 점에서 특별한 의미를 가진다. 이 제도는 특정한 소득 수준이나 연령, 자산 조건을 따지지 않고, 연천군에 거주하는 모든 주민에게 매월 일정액을 지급하는 방식으로 운영되었다. 지급 수단은 지역화폐였으며, 이를 통해 주민들의 소비가 지역 내에서 순환되도록 설계되었다(경기도 · 연천군, 2021).

이 실험은 인구 감소, 고령화, 지역경제 침체라는 구조적 어려움 속에서 시작되었다. 기본소득이 지급되자 주민들은 지역 상점, 전통시장, 음식점 등에서 지역화폐를 사용했고, 이는 곧바로 소상공인의 매출 증가로 이어졌다. 단순한 경제 효과에 그치지 않고, 모든 주민이 동일하게 혜택을 받으면서 공동체 내 연대감이 강화되고 정책에 대한 신뢰가 높아지는 부수적 성과도 나타났다(경기도 · 연천군, 2021).

물론 한계도 분명했다. 지급액은 생활비 전체를 충당하기에는 부족했고, 짧은 기간과 한정된 예산으로 인해 장기적 효과를 확인하기 어려웠다. 또한 이러한 시도가 전국 차원의 제도로 확대될 수 있을지에 대한 논란도 이어졌다. 그럼에도 불구하고 연천군 농어촌 기본소득은 기본소득이 추상적 논쟁에 머무르지 않고 실제 제도로 구현될 수 있음을 보여준 중요한 출발점이었다. 특히 농촌이라는 취약한 지역에서 기본소득이 생활 안정과 지역 공동체 유지에 기여할 수 있음을 입증했다는 점에서 큰 의의를 가진다. 이는 향후 한국 사회가 기본소득 제도를 전국적으로 확대하는 과정에서, 농촌·어촌·도시 등 다양한 맥락에 맞는 정책 설계가 필요함을 일깨워 준다.

세 가지 실험은 각기 다른 배경과 조건에서 출발했지만, 모두 기본소득의 가능성을 탐색한 중요한 지역 기반 실험이었다. 그 주요 특징과 한계를 비교하면 아래 표와 같다.

〈표 14-1〉 지역 기반 실험 비교

구분	경기도 청년배당	전남 신안군 햇빛연금	경기도 연천군 농어촌 기본소득
도입 시기	2016년 성남시 시작, 2019년 경기도 전역 확대	2018년부터 재생에너지 발전 수익 배당 시작	2021년부터 경기도-연천군 공동 실험 시행
대상	만 24세 청년 전체	신안군민 전체	연천군 거주 주민 전체
지급 방식	연 100만 원 (분기별 25만 원, 지역화폐 지급)	태양광·풍력 발전 수익 배당 (현금)	월 15만 원 (지역화폐 지급)

구분	경기도 청년배당	전남 신안군 햇빛연금	경기도 연천군 농어촌 기본소득
정책 목적	출발선 불평등 완화, 청년 자율성 확대, 지역경제 활성화	재생에너지 공유부 배당, 기후 정의 실현, 지역경제 활성화	농촌 생활 안정, 공동체 연대 강화, 지역경제 활성화
한계	금액의 한계, 포퓰리즘 논란, 재원 지속성 문제	환경 훼손 논란, 수익 배분 형평성 문제, 제도 지속성 한계	지급액 부족, 짧은 실험 기간, 전국 확대 논란

출처 : 경기도, 「청년기본소득 효과 조사」(2019) ; 신안군청, 「재생에너지 주민참여 · 이익공유제 보고서」(2018~2023) ; 경기도 · 연천군, 「농어촌 기본소득 시범사업 중간 보고서」(2021) 재구성.

이 표를 통해 보면, 청년배당은 출발선의 공정성을 보완하고, 햇빛연금은 공유부 배당과 기후 정의를 실현했으며, 농어촌 기본소득은 공동체 보편성을 강화하는 데 주력했음을 알 수 있다. 동시에 세 실험 모두 지역경제 활성화라는 공통의 효과를 낳았지만, 금액의 한계와 짧은 시행 기간, 재원 지속성 문제라는 과제도 드러냈다.

따라서 이들 실험은 한국 사회에서 기본소득 담론을 추상적 논쟁에서 구체적 정책 논의로 끌어올린 중요한 발판이 되었으며, 이어지는 종합 결론에서 보듯 한국형 기본소득 논의의 학습의 장이자 제도 설계의 초석으로 평가될 수 있다.

경기도 청년배당, 전남 신안군 햇빛연금, 경기도 연천군 농어촌 기본소득은 서로 다른 정책적 맥락과 지역적 조건에서 시행되었지만, 모두 한국 사회에서 기본소득의 가능성을 실험한 중요한 사례였다. 이들 실험은 금액과 기간의 제약, 재원 마련의 한계에도 불구하고 보편성과 무조건성이라는 기본소득의 원리를 부분적으로 구현했고, 동시에 지역경제와 공동체 활성화에 긍정적인 효과를 남겼다.

무엇보다 이 실험들은 기본소득을 둘러싼 논의를 추상적 담론에서 벗어나, 구체적인 제도 설계와 정책 평가의 차원으로 끌어올렸다. 청년배당은 세대 간 공정성, 햇빛연금은 자원 공유와 기후 정의, 농어촌 기본소득은 공동체 보편성이라는 각기 다른 가치를 중심에 두었지만, 세 가지 모두가 궁극적으로는 불평등 시대의 새로운 사회계약을 모색한 실험이었다.

따라서 이들 지역 기반 실험은 한국형 기본소득 논의를 이끌어가는 정책적 학습의 장이자 제도 설계의 초석으로 남을 것이다. 앞으로 기본사회로 나아가는 과정에서 이러한 경험들은 정책적 상상력과 실현 가능성을 동시에 확장시키는 소중한 자산이 될 것이다.

서울시 안심소득

오세훈 서울시장이 제안한 안심소득제는 기본소득과 종종 비교되지만, 그 성격은 본질적으로 다르다. 안심소득은 프리드먼이 주장했던 음소득세를 변형한 제도로, 가구의 소득이 일정 기준에 미치지 못할 경우 그 차이를 일정 비율만큼 보전해 주는 방식이다. 소득이 늘어나면 보전액은 줄고, 기준선을 넘어서면 지원이 중단된다. 다시 말해, 안심소득은 하위 소득층을 대상으로 한 선별적 현금급여 제도에 가깝다(경기연구원, 2021).

기본소득의 다섯 가지 원칙—정기성, 보편성, 개별성, 무조건성, 현금성—과 비교하면 차이가 선명하다. 안심소득도 정기적으로 현금을 지급한다는 점에서는 기본소득과 유사하다. 그러나 그 외의 측면에서는 차이가 크다. 안심소득은 소득조사를 거쳐 특정 기준 이하의 가구에만 지급되므로 보편성이 결여된다. 지급 단위 역시 개인이 아니라 가구이므로 개별성이 확보되지 않는다. 또한 소득조사와 자격 판정을 필요로 하기 때문에 무조건성의 원칙과도 거리가 있다. 결국, 안심소득은 '조건부 · 가구단위 · 선별적 현금급여'라는 점에서 기본소득과는 정반대의 성격을 띤다(Van Parijs & Vanderborght, 2017 ; 경기연구원, 2021).

이 제도에는 몇 가지 중요한 한계가 지적된다. 첫째, 소득조사와 자격 판정 과정은 행정비용을 크게 증가시키며, 수급자에게 낙인효과를 낳을 수 있다. 이는 기본소득이 무조건성과 보편성으로 낙인을 최소화하려는 원리와 정면으로 배치된다(경기연구원, 2021). 둘째, 가구 단위 지급은 가구 내 분배 문제를 외면할 뿐 아니라 젠더 불평등을 심화시킬 위험이 있다. 셋째, 소득이 늘어날수록 지원이 줄어드는 구조는 근로의욕을 오히려 위축시킬 수 있는 빈곤함정(poverty trap)을 만들 수 있다. 넷째, 재원 마련의 불투명성도 문제다. 안심소득은 기존 복지 일부를 대체하면서 재원을 조달하려는 성격이 강한데, 이 경우 오히려 복지 축소 효과를 낳을 수 있다(서정희, 2021 ; 경기연구원, 2021).

종합하면, 안심소득은 취약계층을 더 두텁게 지원하자는 의도에서 출발했지만, 기본소득과 같은 권리 기반의 보편 제도라기보다는 기존 선별 복지의 한계를 되풀이하는 제도에 불과하다. 기본소득이 모두에게 인간다운 삶을 위한 최소한의 몫을 보장하는 새로운 사회계약이라면, 안심소득은 여전히 선별과 조건, 행정조사에 의존하는 구태의연한 방식에서 벗어나지 못한다. 이런 점에서 기본소득의 대안이라기보다, 오히려 복지국가의 후퇴 위험을 내포한 제한적 정책에 그친다고 평가할 수 있다(경기연구원, 2021).

제 15 장

기본사회 실행의 심장, 그리고 우리가 집중해야 할 과제

기본사회위원회 : 법 · 돈 · 데이터를 쥔 실행의 심장

실제로 움직이는 컨트롤타워를 만들려면, 먼저 위상을 분명히 해야 한다. 느슨한 협의체로는 한계가 뚜렷하다. 따라서 조직의 수장은 장관급 상설 위원장으로 두고, 위원회는 대통령 직속 상설행정기구로 설치한다. 총리실 소속으로 둘 수도 있지만, 어느 경우든 법률에 대통령 위임 권한, 부처 간 이견 조정 · 시정명령 권한, 국무회의 상정 권한을 명시해 주어야 한다. 이를 받치는 근거법(예 : 「기본사회보장 기본법」, 가칭)에는 위원회의 설치와 역할, 5개년 기본계획과 연차시행계획, 이견조정 절차, 자료 제출 및 공개 의무까지 명시해 두는 것이 바람직하다. 구호가 아니라 권한과 절차가 법에 새겨져 있어야 컨트롤타워는 실제로 작동한다(기본사회2050 구상팀, 2023).

조직은 본체-사무처-분과가 유기적으로 물리는 구조가 효율적이다. 본체는 위원장 아래 두 명의 차관급 부위원장이 반쳐 주되, 한 명은 정책 · 집행을, 다른 한 명은 재정 · 데이터를 총괄한다. 실무는 차관급 사무처장이 이끄는 상설 사무처가 담당한다. 사무처에는 정책기획, 법제 · 예산, 성과평가, 데이터전략, 대외협력 등 핵심 기능을 갖춘 실들이 배치되고, 주거, 금융, 교육, 의료 · 돌봄, 교통, 통신, 에너지 등 7개 분과를 지원하는 분과사무국이 설치된다. 각 분과에는 해당 부처 차관 · 실장과 지자체, 전문가, 이해관계자가 참여해 의제 발굴부터 성과관리까지 책임진다. 사회보험의 소득기반 전환 같은 과제는 한시적 전환 TF를 별도로 두어 집중 추진한다(국회예산정책처, 2024). 전체 정원은 본부 120~150명, 분과 · TF 포함 250~300명 정도면, 전략 수립에서 집행 · 평가까지 끌고 가기에 충분한 체급이 된다(기본사회2050 구상팀, 2023).

컨트롤타워의 손에 돈과 데이터를 쥐여 주는 것이 집행력의 관건이다. 재원은 기본사회 특별회계를 신설해 일반재정과 분리하고, 신규 · 확대 사업은 원칙적으로 이 특별회계로만 편성한다. 모든 사업은 사전에 정한 성과지표(KPI)와 연동해 배분되며, 분기 · 연차 평가 결과(그린/옐로/레드 등급)에 따라 다음 해 증감액이 자동 조정된다. 이렇게 예산과 성과를 한 묶음으로 움직이면, 중복 · 저성과 사업은 자연스럽게 정리되고, 전략적 과제는 속도를 낸다. 데이터 측면에서는 국세청 · 기재부 · 각 부처 · 지자체의 집행 · 성과 데이터를 월 단위로 통합하는 '데이터 레이크'를 구축하고, 공공기관과 플랫폼 기업이 대상 · 집행 · 성과를 표준 API로 자동 보고하도록 한다. 분기마다 성과 대시보드를 공개해 접근성 · 형평성 · 서비스 질 · 재정건전성 · 디지털화 같은 공통 KPI를 국민에게 투명하게 보여주면, 공개가 신뢰를, 신뢰가 실행력을 만든다(기본사회2050 구상팀, 2023).

권한을 행사하는 방식은 간결하고 빠르게 설계한다. 우선 모든 신규 · 확대 사업은 위원회의 정합성 사전 심사를 거친다. 추진 과정에서 이견이 생기면, ① 분과 실무조정 → ② 사무처–국조실 합동조정 → ③ 본위원회 최종의결 → ④ 국무회의 보고 · 시정명령으로 이어지는 3단계 조정 루프를 가동한다. 각 단계에 일정을 못박아(예 : 10일 · 15일 · 20일) 지연을 예방하고, 책임 소재를 분명히 한다. 평가 · 책임 체계는 분과별 성과책임자(CRO)를 지정해 분기보고 · 시정계획 제출을 의무화하고, 결과는 곧바로 예산 증감과 연결한다. 평가가 '보고서'에서 끝나지 않고 '예산'으로 말하게 해야 행동이 바뀐다(기본사회2050 구상팀, 2023).

입법 · 예산의 추진력도 내부에 심는다. 위원회 안에 법제 · 예산실을 두어 법제처 · 국회 · 국무조정실과 상시로 맞물리고, 중점법안 목록을 5개년 · 연차 단위로 관리한다. 회기별 우선 통과 전략을 세우고, 성과연동 예산을 통해 현장 집행력까지 끌고 간다. 정부 바깥의 신뢰는 상설 시민패널과 공론화위원회로 확보한다. 의제별 공론화 결과를 정책 · 예산에 반영하는 절차를 제도화하고, 정부–정당–시민사회 상설 소통협의체로 갈등조정과 후속조치까지 이어 간다(기본사회2050 구상팀, 2023).

연간 업무는 규칙적으로 굴린다. 해마다 1~2월에는 연차평가를 통해 등급과 예산 원칙을 정하고, 3~4월에 분과별 목표와 KPI를 확정한다. 5~10월은 집행과 분기 대시보드 공개에 집중하고, 지연·이견은 조정 루프로 즉시 처리한다. 11월에는 평가결과에 따라 다음 해 예산을 증감 배분하고 제도·지침을 정비한다. 12월에는 연차보고서를 국회에 제출하고 공개 청문과 시민패널 피드백을 통해 계획을 보완한다. 긴급 사안은 위원장 긴급소집으로 48시간 내 시정명령과 대체집행안을 의결하도록 하여 기민성을 확보한다(기본사회2050 구상팀, 2023).

마지막으로, 이 체계를 3년 안에 뿌리내리는 로드맵이 필요하다. 첫 6개월은 기본법·특별회계·조직·지표·데이터 표준 등을 설계하는 단계다. 다음 1년은 2~3개 분과(예 : 주거·교통·정보)를 선정해 도시·광역 시범을 돌리고, 성과연동 예산과 데이터 파이프의 실전 적합성을 검증한다. 이후 18~36개월에는 전 분과로 전국화하고, 분기 평가–연차 조정의 사이클을 정착시킨다. 이 과정에서 포괄률, 접근성, 격차 축소, 서비스 질, 집행률 같은 핵심 지표를 상시 공개·관리하고, 필요하면 자동조정 규칙(보험료율·국고지원 비율 등)으로 보정한다.

요컨대, 장관급 상설 위원장을 정점으로 한 이 설계는 컨트롤타워가 권한(법), 돈(특별회계), 데이터(표준·공개), 성과(KPI)를 한 손에 쥐고 부처조정→입법→예산→집행→평가의 전 과정을 단일 루프로 굴리게 한다. 그때 비로소 컨트롤타워는 '조정

기구'가 아니라 '실행기관'이 된다(기본사회2050 구상팀, 2023).

지금 집중해야 할 과제

기본사회가 구호나 선언에 머물지 않고 실질적 제도로 뿌리내리기 위해서는 몇 가지 핵심 사업에 사회적 자원과 정치적 역량을 집중할 필요가 있다. 이미 한국 사회는 곳곳에서 다양한 실험을 통해 그 가능성을 보여주었으며, 이제는 이를 확장하고 제도화하는 일이 시급하다. 그 가운데 특히 주목해야 할 네 가지 사업이 있다. AI 공유자산, 청년기본소득, 햇빛연금, 농어촌 기본소득이다. 이들은 단순한 정책 실험이 아니라, 기본사회의 철학과 원리를 현실 속에서 구현하는 구체적인 경로를 제시한다.

첫째, AI 공유자산은 21세기 새로운 자본인 데이터와 인공지능을 공공적 자산으로 전환하려는 시도다(경기연구원, 2021). 현재 데이터와 AI가 창출하는 막대한 부가가치는 소수 플랫폼 기업과 글로벌 빅테크의 독점 구조 속에 갇혀 있다. 그러나 기본사회의 관점에서 보면 데이터는 시민 개개인이 일상 속에서 생산한 공공재이며, 그 수익은 사회 전체가 공유해야 한다. 따라서 공공 데이터 인프라 구축, 인공지능 학습 데이터의 공공성 강화, 그리고 'AI 배당금' 제도의 설계가 핵심 과제로 떠오른다. 이는 시민이 제공한 데이터가 기업의 독점적 이익으로 사유화되는 것이 아니라, 사회적 기금으로 환수되어 다시 기본소득과 기본서비스의 재원으로 돌아가는 선순환 구조를 만드는 것이다. 다시 말해, AI는 모두가 함께 키운 거대한 나무이고, 그 열매는 모두의 몫이어야 한다.

둘째, 청년기본소득은 이미 경기도에서 청년배당이라는 이름으로 시도된 바 있다. 만 24세 청년에게 연 100만 원을 지역화폐로 지급한 이 실험은 청년의 삶에 실질적인 변화를 가져왔다(경기도, 2019). 단순한 소득 지원을 넘어, 출발선에서의 불평등을 완화하고 스스로 선택할 수 있는 자율성을 확대했다는 점에서 의미가 크다. 향후 정책적 과제는 지급 금액의 현실화, 전국 단위 확산, 그리고 주거 · 교육 지원과 연계한 종합적 기본소득 체계로의 발전이다. 무엇보다도 청년기본소득은 사회가 청년들에게 "다시 숨을 고르고 도전할 기회를 주겠다"는 약속이라는 점에서, 단순한 현금 이전 이상의 상징성을 갖는다.

셋째, 농어촌 기본소득은 경기도 연천군에서 실시된 최초의 보편적 지급 실험이다. 농촌 주민 모두에게 매월 일정액을 지역화폐로 지급함으로써 공동체의 생활 안정과 지역경제 활성화를 동시에 달성했다(경기도 · 연천군, 2021). 비록 지급 금액과 기간의 한계가 있었지만, 이 실험은 농어촌이 처한 구조적 위기 속에서 기본소득이 얼마나 중요한 안전망이 될 수 있는지를 보여주었다. 앞으로는 이 제도를 장기화하고 금액과 범위를 확대하여 전국 단위로 제도화하는 것이 필요하다. 이는 단순히 지역 복지의 차원을 넘어, 인구 감소와 지역 불균형 문제를 완화하고 공동체의 존속 가능성을 높이는 국가적 과제이기도 하다. 농어촌 기본소득은 떠나는 청년을 붙잡고, 남아 있는 노인의 삶을 지켜내는 사회적 안전망으로 작동한다.

넷째, 햇빛연금은 전남 신안군에서 시작된 재생에너지 공유부 배당 실험이다. 햇빛과 바람이라는 천혜의 자원을 활용해 발전소를 세우고, 그 수익을 지역 주민과 나누는 방식은 기후위기 대응과 소득 보장이 결합할 수 있음을 보여준다(신안군청, 2020). 실제로 다수 주민이 매월 일정액을 배당받으면서 생활 안정성을 확보했고, 동시에 지역경제 활성화 효과도 나타났다. 하지만 이를 단순한 지역 단위 사업으로 그칠 것이 아니라, 중앙정부 차원의 제도화로 발전시켜야 한다. 재생에너지 전환 과정에서 발생하는 이익을 기업이 독점하지 않고 국민 전체가 공유하는 기후 기본소득으로 제도화한다면, 이는 정의로운 전환의 중요한 디딤돌이 될 것이다. 태양의 혜택은 소수 기업의 것이 아니라 모두가 누려야 할 권리이기 때문이다.

도시형 햇빛연금도 추진할 필요가 있다. 공공부지를 활용한 대규모·분산형 태양광 발전을 기반으로 공적 펀드를 조성하고, 그 수익을 국민에게 배당하는 국가 정책 모델이다.

이 정책은 국가와 지방자치단체가 보유한 공공부지에 대규모·분산형 태양광 발전소를 단계적으로 설치하고, 그로부터 발생하는 수익을 공적 펀드에 적립하여 전국 시민에게 연간 배당, 즉 보편적 소액 기본소득 형태로 환원하는 것을 핵심으로 한다.

첫째, 정책 목표는 네 가지로 요약된다.

① 재생에너지의 확대와 탄소 감축 가속화,

② 유휴부지와 같은 공공자산의 경제적 가치 실현,

③ 안정적이고 영구적인 시민배당 재원 발굴,

④ 지역경제 활성화와 에너지 민주주의(커뮤니티 지분 참여) 확산이다.

둘째, 운영 구조는 혼합형 소유·운영 모델을 채택한다. 공공부지를 기반으로 하되, 운영 방식은 국가·지자체가 주도하는 공적 SPC 설립, 국가재생기금의 직접 운영, 지역 협동조합·커뮤니티와의 합작회사(JV) 중 사업 특성에 맞게 선택할 수 있다. 이 과정에서 주민 지분참여와 수익 공유를 제도화하여 지역 환원성을 높이는 것이 핵심이다.

셋째, 수익원은 단순한 전력 판매에 국한되지 않는다. 전력 판매와 더불어 탄소배출권·REC, 토지 및 설비 임대, 그리고 영농형 태양광이나 전기차 충전소 같은 부대사업을 결합하여 다원적 재원을 창출한다. 발생한 수익은 운영비·차입금 상환·기술 유지비를 제외하고 공적 펀드에 적립한다.

넷째, 배당 방식은 두 가지 기금 모델로 구분된다.

영구기금형은 알래스카 영구기금 배당(PFD)처럼 일회성 수익을 기금에 적립하고, 그 운용수익을 국민에게 매년 배당한다.

운영기금형은 매년 발생하는 잉여 현금을 즉시 국민에게 지급한다. 초기에는 유연성이 높은 운영기금형을 우선 도입하되, 장기적으로는 일부를 영구기금으로 전환하여 세대 간 지속가능성을 확보하는 방안이 제시된다. 초기에는 배당을 중심으로 운영하고 장기적으로 영구기금형으로 전환할 필요가 있다.

다섯째, 지급 구조는 보편성을 기본으로 한다. 전 국민 개인 단위 지급을 원칙으로 하되, 가구 단위 지급 혹은 저소득 · 취약계층에 대한 가중치를 부여하는 혼합형 설계도 가능하다. 지급주기는 영구기금형은 연 1회, 운영기금형은 분기 또는 반기 지급이 적합하다.

여섯째, 거버넌스는 중앙정부 차원의 국가재생기금 운영위원회와 지방정부 차원의 배당 · 감시 위원회를 결합한 이원 구조다. 발전량, 수익, 배당 내역은 투명하게 공개하며, 독립 감사와 성과평가 체계를 반드시 포함한다.

일곱째, 제도적 기반은 국유재산법 · 지방재정법의 정비를 통해 공공부지의 장기 전용 · 임대를 가능하게 하고, 전력거래제도(PPA, 녹색프리미엄)에 공공 프로젝트 우대 규정을 신설해야 한다. 또한 공적 기금 설립 근거법과 주민참여 · 이익공유를 위한 법적 장치 마련이 필요하다.

여덟째, 시행 로드맵은 단계별 접근을 권고한다.

- 0~12개월 : 법 · 제도 정비와 파일럿 대상지 선정, 재무모델 확정.

- 12~36개월 : 3~10개 지자체, 50~200MW 규모 실증 사업을 통한 수익 · 배분 · 거버넌스 검증.
- 36~84개월 : 전국 확대, 단계별 용량 목표 설정.
- 이후 : 기금의 안정화와 법제화, 국가 차원의 정착.

마지막으로, 재정성 설계의 핵심 권고는 수익원을 다원화하고, 영구기금 적립과 부분 즉시 배당을 병행하며, 주민 참여 · 지분 공유를 필수 요소로 삼는 것이다. 이러한 설계는 단순한 에너지 정책을 넘어, 공공자산을 기반으로 한 '에너지 기본소득' 또는 '햇빛 연금' 모델로 발전할 수 있으며, 기본사회 구상의 실질적 재원 구조로 자리잡을 수 있다.

이 네 가지 사업은 각각 성격과 배경은 다르지만, 모두 기본사회가 지향하는 철학을 현실 속에 구체화한 실험이라는 점에서 공통성을 지닌다. 하나는 미래 자본의 공공적 활용을, 하나는 청년 세대의 출발선 공정성을, 또 하나는 기후위기 시대의 정의로운 전환을, 마지막 하나는 공동체 보편성의 회복을 상징한다. 기본사회는 바로 이런 다양한 사업들을 제도적으로 연결하고 확장해 나갈 때 비로소 실현 가능한 사회계약으로 자리잡을 수 있다.

결 론

기본사회로 함께 걷는 길

한국 사회는 지금 거대한 변곡점에 서 있다. 산업화와 민주화를 거쳐 복지국가의 기본 골격을 마련했지만, 불평등의 심화와 기후위기, 초고령화라는 새로운 도전 앞에서 기존 제도만으로는 더 이상 충분하지 않다(OECD, 2022 ; 기본사회2050 구상팀, 2023). 자산 편중과 노동시장의 불안정, 가족 돌봄 부담은 복지국가 체제의 균열을 드러내고 있으며, 이로 인해 사회적 신뢰도 흔들리고 있다. 이런 배경 속에서 새로운 사회계약이 필요하며, 그것이 바로 기본사회다(기본사회2050 구상팀, 2023).

기본사회는 세 가지 기둥 위에서 세워진다. 첫째는 기본자산으로, 부모의 자산 격차가 청년의 기회를 결정짓는 현실을 완화하여 출발선의 공정성을 보장한다(Paine, 1797 ; Atkinson, 2015 ; Piketty, 2020). 청년기초자산 제도나 공유부 배당과 같은 정책은 세습 자본주의의 벽을 낮추고, 사회에 첫발을 내딛는 청년들에게 새로운 가능성을 열어주는 장치가 된다(유영성 외, 2021). 둘째는 기본소득이다. 불안정한 노동시장과 미래의 불확실성 속에서 모든 시민에게 안정적인 기반을 제공하는 제도이며, 실제로 청년배당이나 농어촌 기본소득 실험은 보편성과 무조건성이 어떤 효과를 내는지를 보여주었다(경기도, 2019 ; 경기도 · 연천군, 2021). 셋째는 기본서비스로, 주거 · 돌봄 · 교육 · 의료 · 교통 등 개인이 혼자 감당하기 어려운 집단적 필요를 사회가 함께 책임지는 체계다(IGP, 2017 ; Coote & Percy, 2020). 이는 시장에 의존해서는 충족하기 어려운 영역에서 공동체가 존엄을 지탱하는 방식이다. 이렇게 기본자산, 기본소득, 기본서비스는 각각 독립적으로 작동하면서도 서로 긴밀히 맞물려, 모든 시민이 생애 전반에서 안정성과 자율성을 동시에 누릴 수 있도록 한다.

그러나 비전만으로는 부족하다. 기본사회가 실질적 제도로 자리 잡으려면 제도적 추진체계가 필요하다. '기본사회보장법(가칭)' 제정과 대통령 직속의 기본사회위원회 설치는 그 출발점이 될 수 있다(기본사회2050 구상팀, 2023). 기본사회위원회는 법 · 재원 · 데이터를 쥔 실행의 심장으로서, 부처 간 협력을 조율하고 국가 재정과 디지털 거버넌스를 관리하는 컨트롤타워가 되어야 한다. 단순한 자문이 아니라, 기본사회의 로드맵을 설계하고 조율하는 전략본부인 셈이다.

아울러 지금 우리가 집중해야 할 구체적 사업들이 있다. 첫째, AI 공유자산은 데이터와 인공지능이 창출하는 부가가치를 사회 전체가 공유하는 새로운 자본 제도다(경기연구원, 2021). 둘째, 청년기본소득은 청년 세대의 출발선 불평등을 완화하고 자율성을 확장하는 사회적 약속이다. 셋째, 농어촌 기본소득은 지역 공동체의 보편성을 회복하고, 인구 감소와 고령화로 위기에 처한 지역사회를 지켜내는 안전망이다. 넷째, 햇빛연금은 재생에너지 전환의 성과를 주민과 공유하는 정의로운 전환의 모델이다. 이 네 가지는 단순한 실험이 아니라, 기본사회 철학을 현실 속에서 구체화하는 실행 과제들이다.

기본사회는 단순한 제도 설계로만 가능하지 않다. 그것은 정치적 결단과 시민적 합의 위에서만 실현될 수 있다(기본사회2050 구상팀, 2023). 코로나19 시기 전 국민 재난지원금 지급은 이를 잘 보여준 사례다. 처음에는 선별 지급을 둘러싸고 갈등이 첨예했으나, 결국 정치권이 보편 지급으로 합의했을 때 시민들의 지지가 형성되었고 사회적 연대가 강화되었다(행정안전부, 2023). 이 경험은 정치와 시민이 함께 움직일 때 기본사회라는 새로운 사회계약의 가능성이 열리며, 제도가 단순한 행정 조치가 아니라 공동의 약속으로 자리 잡을 수 있음을 보여주었다. 오늘날 정당정치 역시 점차 기본사회 의제를 흡수하고 있다. 청년기초자산제와 청년기본소득, 지역 기반 실험들이 제도화되는 과정은 기본사회가 더 이상 피할 수 없는 정치적 선택지임을 증명한다(한국리서치, 2021).

따라서 기본사회는 선택이 아니라 필연이다. 그것은 복지국가의 성과를 계승하면서도 불평등과 위험의 시대에 걸맞은 새로운 사회계약으로 자리 잡아야 한다. 물론 그 길은 멀고 험할 수 있다. 그러나 중요한 것은 속도가 아니라, 누구도 소외되지 않고 함께 걷는가이다. 기본사회로 향하는 길 위에서 우리는 더 정의롭고, 더 안전하며, 더 따뜻한 공동체를 만날 수 있다. 그 길은 때로는 느리고, 때로는 힘겨울 수 있지만, 결국 우리가 함께 걷는 순간 길은 열리고, 희망은 현실이 된다. 이 여정은 단순히 제도를 바꾸는 일이 아니다. 그것은 서로의 삶을 지탱하고, 다음 세대에게 더 나은 세상을 물려주겠다는 약속이다.

바로 그 지점에서, 기본사회는 하나의 정책을 넘어 우리 모두가 함께 써 내려가야 할 새로운 이야기가 된다. 그리고 그 이야기를 써 내려가는 길 위에서, 한국 사회는 불평등 시대를 넘어서는 또 다른 미래와 마주하게 될 것이다.

Epilogue

에필로그

"

혼자가 꿈이면, 함께는 제도다.

새 사회계약은 '함께'에서 시작된다.

— 유동철

참고문헌

〈국내 문헌〉

경기연구원. (2021). 『기본소득과 유사제도 비교 연구』. 경기연구원.

경기도. (2019). 『청년기본소득 효과조사』. 경기도청.

경기도·연천군. (2021). 『농어촌 기본소득 시범사업 중간보고서』.

고용노동부. (2023). 『고용노동백서 2023』. 고용노동부.

국세청. (2021). 『상속·증여세 통계연보』. 국세청.

국토연구원. (2018). 『지역별 생활교통비용 추정 및 격차 해소방안』. 국토연구원.

국회. (2023). 「양곡관리법·간호법·노란봉투법 관련 입법자료」. 국회 의안정보시스템.

국회도서관 의회정보실. (2020). 『주요국 기본소득 정책』. 국회도서관.

국회도서관 의회정보실. (2024. 8. 1.). 『주요국 기본소득 정책 회답서』. 국회도서관.

국회예산정책처. (2023). 『대한민국 사회보험』. 국회예산정책처.

국회예산정책처. (2024). 『대한민국 사회보험의 현황과 과제』. 국회예산정책처.

기본사회 연구회. (2023). 『기본사회 구상 보고서』.

기본사회2050 구상팀. (2023). 『기본사회2050 구상』.

기본소득한국네트워크. (2021). 『기본소득 Q&A 및 자료집』.

김유성·이상이·최영준. (2021). 『새로운 시작 — 세습사회와 청년기초자산』. 불평등연속포럼.

김연명 외. (2018). 『한국 복지국가의 사회경제적 기초』. 한국보건사회연구원.

레가툼 연구소. (2021). 『세계 번영지수 보고서』.

민주당 부산시당. (2025). B지역E 공공개발 정책보고서. 더불어민주당 부산시당.

부산에너지시민연대. (2007). 『민주공원 시민햇빛발전소 건립 보고』.

불평등 연속포럼. (2023). 『첫 출발 자본, 기초자산 발표문』.

서정희. (2021). 「기본소득론 관점에서 본 기초자산제의 의미와 한계」. 『한국사회정책』, 28(2), 13-51.

신안군청. (2018~2023). 『재생에너지 주민참여·이익공유제 보고서』.

아렌트, 한나. (2010). 『인간의 조건』(김선욱 옮김). 한길사.

아틀킨슨, 앤서니 B. (2015). 『불평등을 넘어』(안도경 옮김). 한겨레출판. (원저 2015).

안효상. (2020). 「토머스 페인의 『토지정의』와 해설」. 기본소득한국네트워크.

유동철. (2023). 『기본사회와 사회보장』. 더불어민주당.

유동철. (2023). 「기본사회와 사회보장, 대체제 또는 보완재?」. 한국사회복지정책학회 발표문.

유영성·이상이·김연명. (2021). 『한국 복지국가의 사회경제적 기초』. 한국보건사회연구원.

유영성·정원호·서정희·마주영. (2021). 『기본소득과 유사제도 비교 연구』(경기연구원 정책연구 2021-18). 경기연구원.

이철승·황인혜·임현지. (2018). 「한국 복지국가의 사회경제적 기초: 자산-소득 상호작용과 복지 선호」. 『한국정치학회보』, 52(5), 1-30.

통계청. (2022). 『가계금융복지조사』. 통계청.

통계청. (2022). 『경제활동인구조사 근로형태별 부가조사』. 통계청.

통계청·한국은행. (2021). 『가계금융복지조사』.

한국고용정보원. (2022). 『플랫폼 노동 실태조사』.

한국리서치. (2021). 『기본소득에 대한 국민 여론조사』.

한국부동산원. (2021). 『주택가격동향조사: 서울 아파트 매매지수』.

한국보건사회연구원. (2019). 『공공부조 사각지대 분석 보고서』.
한국은행. (2023). 『국민계정(국민소득통계)』.
한국장학재단. (2022). 『학자금대출 통계연보』.
한국조세재정연구원. (2021). 『기본소득 도입 시 소득분위별 순효과 분석』.
한국조세재정연구원. (2022). 『조세지출·감면 및 환경세 관련 연구』.
행정안전부. (2023). 재난연감. 행정안전부.
한겨레. (2019. 2. 11.). 「핀란드 '기본소득 실험' 반응 톺아보기」.
한국일보. (2019. 2. 12.). 「핀란드 기본소득, 삶의 질 높였지만 고용증대 효과는 제한」.
연합뉴스. (2019. 2. 9.). 「'월 72만원' 핀란드 기본소득 실험, 행복도 상승 ·고용유발 미미」.

〈해외 문헌〉

Ackerman, B., & Alstott, A. (1999). *The Stakeholder Society*. Yale University Press.
Ackerman, B., & Alstott, A. (2006). Why stakeholding? *Politics & Society, 34*(1), 41–60.
Atkinson, A. B. (2015). *Inequality: What Can Be Done?* Harvard University Press.
Beveridge, W. (1942). *Social Insurance and Allied Services.* HMSO.
BIEN. (2016). Basic income definition (Seoul General Assembly).
Coote, A., & Percy, A. (2020). *The Case for Universal Basic Services*. Polity Press.
Esping-Andersen, G. (1999). *Social Foundations of Postindustrial Economies.* Oxford University Press.
Gough, I. (2019). Universal basic services: A theoretical and moral framework. *The Political Quarterly, 90*(3), 534–542.

Gough, I. (2020). The case for universal basic services. *LSE Public Policy Review, 1*(2), 1–9.

Hartwick, J. M. (1977). Intergenerational equity and the investing of rents from exhaustible resources. *American Economic Review, 67*(5), 972–974.

Friedman, M. (1962). *Capitalism and Freedom*. University of Chicago Press.

Kela. (2019). *Results of Finland's Basic Income Experiment 2017–2018*. Finnish Social Insurance Institution.

Labour Party. (2019). *Universal Basic Services: The Right to a Good Life*. Labour.

Le Grand, J., & Nissan, D. (2000). *A Capital Idea: Start-up Grants for Young People*. Fabian Society.

Legatum Institute. (2021). The Legatum Prosperity Index.

OECD. (2019). *Social Policy Report.* OECD Publishing.

OECD. (2021). *Intergenerational Mobility Report*. OECD Publishing.

OECD. (2021). *Employment Outlook 2021*. OECD Publishing.

OECD. (2021). *Climate Action and Economic Outlook*. OECD Publishing.

OECD. (2021). *Revenue Statistics 2021*. OECD Publishing.

OECD. (2021). *Social Expenditure Database (SOCX)*. OECD Publishing.

OECD. (2022). *OECD Statistics (Relative poverty).* OECD Publishing.

OECD. (2022). *Revenue Statistics 2022 ; Social Expenditure Database (SOCX)*. OECD Publishing.

OpenResearch. (2023). Basic Income Pilot Experiment Report (2020–2023).

Paine, T. (1776). *Common Sense*. Philadelphia.

Paine, T. (1791). *Rights of Man*. London.

Paine, T. (1797). *Agrarian Justice.* London.

Piketty, T. (2014). *Capital in the Twenty-First Century*. Harvard University Press.

Piketty, T. (2020). *Capital and Ideology*. Harvard University Press.

Rawls, J. (1971). *A Theory of Justice*. Harvard University Press.

Roemer, J. E. (1998). *Equality of Opportunity*. Harvard University Press.

Sherraden, M. (2013). *Building Assets and Hope: Asset-Based Social Policy*. (Collected works).

Standing, G. (2017). *Basic Income: And How We Can Make It Happen*. Pelican Books.

Stiglitz, J. E. (2012). *The Price of Inequality*. W. W. Norton.

UK Treasury. (2010). *Child Trust Funds: Statistical Report.* HM Treasury.

UNFCCC. (2020). *Annual Report 2020.* United Nations Framework Convention on Climate Change.

UCL Institute for Global Prosperity. (2017). *Social Prosperity for the Future: A Proposal for Universal Basic Services*. University College London.

Van Parijs, P., & Vanderborght, Y. (2017). *Basic Income: A Radical Proposal for a Free Society and a Sane Economy*. Harvard University Press.

White, S. (2010). Should we be neutral between basic income and basic capital? In K. Widerquist et al. (Eds.), *Exploring the Basic Income Guarantee*. Palgrave Macmillan.

White, S. (2015). *The Civic Minimum: On the Rights and Obligations of Economic Citizenship*. Oxford University Press.

저/자/약/력

■ **유동철**(Yu, Dongchul)

서울대학교 사회복지학과에서 학사, 석사, 박사학위를 취득하였으며, 2001년부터 부산 동의대학교 사회복지학과 교수로 재직 중이다. 유동철 교수는 한국 사회에서 「장애인차별금지법」(2007) 제정의 필요성을 최초로 공론화하고, 장애인차별금지법제정추진연대 법제위원으로서 청와대·국회 설득에 참여하는 등 8년에 걸친 입법운동을 주도하였다. 이러한 활동을 통해 장애인의 인권과 자기결정권 보장을 제도화하는 데 핵심적인 역할을 수행하였다.

연구 관심분야는 장애인의 인권, 사회적 배제와 포함(inclusion), 그리고 기본사회(Basic Society) 이론으로, 복지국가 이후의 새로운 사회계약을 모색하는 연구를 지속적으로 수행하고 있다.

학문적 연구뿐 아니라 부산참여자치시민연대 공동대표, 사회복지연대 공동대표 등 시민사회운동에도 활발히 참여하였으며, 현재는 더불어민주당 부산 수영구 지역위원장, 기본사회위원회 부위원장, 더민주전국혁신회의 공동상임대표로 활동하며 정책 연구와 사회운동을 연계하고 있다.

주요 저서로는

『나는 나쁜 장애인이고 싶다』(2002),

『인권관점에서 보는 장애인복지』(2023),

『실천가를 위한 지역사회복지론』(2020)

등이 있으며, 다수의 논문을 통해 기본사회 이론과 사회복지의 철학적 토대, 포용적 복지국가의 방향성을 제시하였다.

■ **이소윤**(Lee, soyoon)

동의대학교 박사과정

가야대학교 강사

공저서 『사회복지법제와 실천』(2025)

기본사회 : 불평등 시대의 새로운 사회계약

| 공저자 | 유동철 · 이소윤

| 1판 1쇄 | 발행 2025년 10월 25일

| 발행인 | 김동훈
| 발행처 | **공동체**

| 주소 | 경기도 고양시 일산동구 호수로 358-39, 동문타워 I 905호(백석동)
| 전화 | 031)814-3000(대표)
| 팩스 | 031)814-3100
| 홈페이지 | http://www.compub.co.kr
| 전자우편 | compub@naver.com
| 출판등록 | 2005년 10월 6일
| 등록번호 | 제396-2005-36호

| ISBN | 979-11-7554-045-3
정가 15,000원